#BASTELN FOR FUTURE

DAS BASTELBUCH FÜR KLIMA-SCHÜTZER UND NATURHELDEN

INHALTSVERZEICHNIS

GREEN PLANET

GREEN GARDEN

GREEN HOME

UND ZUM SCHLUSS ...

VORWORT

Es gibt unzählige Planeten im Universum, aber nur eine Erde. Und dieser Planet scheint etwas ganz Besonderes zu sein. Denn soweit Forscher bisher herausgefunden haben, ist die Erde der einzige Planet, auf dem es Leben gibt. Seit Urzeiten bietet die Erde zahlreichen Pflanzen und Tieren eine Heimat. Und auch uns Menschen versorgt sie mit Wasser, Luft, Nahrung, Kleidung und allem, was wir für ein gutes Leben brauchen.

Seit den Tagen, in denen die ersten Menschen über die Erde wanderten, ist viel Zeit vergangen. Wo einst Urwälder und Auen waren, stehen heute Häuser, fahren Autos über geteerte Straßen und werden Felder bestellt. Der Mensch hat die Erde verändert. Doch leider nicht nur zum Guten.

Das haben inzwischen auch die meisten Menschen verstanden. Vielleicht machst auch du dir Sorgen um unseren Blauen Planeten, weil er immer mehr zu einem grauen Müllplaneten wird. Viele Pflanzen und Tiere sind vom Aussterben bedroht. Die Meere sind verschmutzt. Die Luft macht uns krank. Und das Klima und die Natur fangen an verrückt zu spielen. Unsere Erde ist krank, weil wir Menschen keine Rücksicht auf sie nehmen. Wenn wir aber alle mit anpacken, können wir ihr helfen. In diesem Buch findest du zahlreiche praktische Ideen und Projekte, die du ganz leicht umsetzen kannst. Ich zeige dir, wie du Müll vermeiden oder sinnvoll wiederverwerten kannst, wie du heimischen Tieren oder Pflanzen helfen oder Sachen ganz einfach aus natürlichen Zutaten selber machen kannst. Wenn alle mitmachen, dann wird die Erde wieder gesund und bleibt dieser einzigartige Planet voller Leben, den wir unser Zuhause nennen.

Susanne Pypke

HILFE, DIE ERDE IST KRANK!

Wissenschaftler haben nachgemessen: Die Erde hat Fieber. In den letzten 200 Jahren hat sich die Erde an der Oberfläche um etwa ein Grad Celsius erwärmt. Das klingt nicht schlimm, aber das Fieber steigt immer weiter und immer schneller. Was die einen gut finden, weil es im Sommer nun auch bei uns immer tolles Freibadwetter gibt, macht den anderen Sorgen. Ständig neue Hitzerekorde lassen nämlich in den Alpen die Gletscher schmelzen. Und nicht nur dort wird das Eis immer dünner. Auch am Nord- und am Südpol taut es, und den Pinguinen und Eisbären wird es dort langsam ungemütlich.

Die Temperatur der Erde wird durch sogenannte Treibhausgase wie Kohlendioxid (CO_2) und Methan bestimmt. Die meisten dieser Gase entstehen bei der Gewinnung von Energie aus Kohle, Erdöl oder Erdgas und durch die Viehhaltung. Außerdem werden weltweit immer mehr Wälder zerstört. Bäume sind jedoch natürliche Helfer gegen den Klimawandel. Sie filtern nämlich CO_2 aus der Luft und bauen den darin enthaltenen Kohlenstoff in ihr Holz ein.

Die Erwärmung der Erde wird hauptsächlich von uns Menschen verursacht. Fabriken, Autos und Häuser stoßen zu viele Treibhausgase aus. Darum ist es gar nicht so leicht, eine gute Medizin zu finden, damit es der Erde wieder besser geht. Aber jeder kann einen kleinen Beitrag dazu leisten.

HAST DU GEWUSST ...

... dass jeder Mensch in Deutschland etwa 10 Tonnen CO_2 im Jahr verursacht? Das entspricht etwa dem Gewicht von zwei ausgewachsenen Elefanten. Gut wären maximal zwei Tonnen pro Person.

... dass ein Flugzeug, das von München nach Berlin (500 km) fliegt, die Umwelt mit etwa 100 kg CO_2 pro Passagier belastet? Bei einem Fernzug sind es auf gleicher Strecke nur 18 kg.

... dass eine Fichte bis zu ihrem 100. Geburtstag etwa 2,5 Tonnen CO_2 aus der Luft aufgenommen hat?

DIE CO₂-DIÄT

Mach mit und verbessere deine persönliche CO_2-Bilanz. Wenn du achtsam bist und ein paar der nachfolgenden Ideen umsetzt, kannst du einen aktiven Beitrag zum Klimaschutz leisten.

- Kaufe Lebensmittel aus der Region, zum Beispiel auf dem Wochenmarkt. Das spart lange Transportwege.

- Kaufe Obst und Gemüse, wenn es Saison hat. Das spart Strom für das Heizen der Gewächshäuser.

- Verzichte einmal in der Woche bewusst auf Fleisch- oder Milchprodukte. Täglich wird in den Tropen Regenwald abgeholzt, damit Futter für die Viehzucht angebaut werden kann.

- Dusche oder Badewanne? Beim Duschen sparst du nicht nur Wasser, sondern auch Energie.

- Dreh den Wasserhahn zu, während du die Hände einseifst oder die Zähne putzt. Wasch deine Hände mit kaltem Wasser.

- Lass das Fenster im Winter nicht gekippt, sondern öffne es nur kurz zum Lüften. Dann bleibt die Wärme drin.

- Lass die Tür des Kühlschranks nicht länger als nötig offen. Das spart Energie.

- Tausche Glühbirnen gegen stromsparende LED-Lampen.

- Nimm für kurze Strecken das Fahrrad, statt dich mit dem Auto fahren zu lassen.

TIPP

Frag deine Eltern, woher euer Strom kommt. Ihr könnt vielleicht gemeinsam darüber nachdenken, ob Ökostrom für euch in Frage kommt. Strom aus erneuerbaren Energiequellen wie Wind- und Wasserkraft, Biomasse oder Sonnenenergie belastet die Umwelt mit viel weniger CO_2.

- Schalte Elektrogeräte, die du gerade nicht brauchst, immer aus. Kein Lämpchen darf mehr brennen. Zieh den Stecker, um ganz sicher zu sein.

- Lass dein Handy oder Smartphone nicht mit vollem Akku am Ladekabel hängen.

- Gib nur in die Wäsche, was wirklich schmutzig ist und gewaschen werden muss.

- Lass die Waschmaschine nur laufen, wenn die Trommel wirklich voll ist.

- Häng frisch gewaschene Wäsche lieber an die Wäscheleine statt sie in den Trockner zu geben.

- Setz beim Kochen immer einen Deckel auf den Topf.

- Verwende einen Wasserkocher, um Wasser heiß zu machen.

- Schlag deiner Familie einen Urlaub zu Hause vor. Wer auf eine Flugreise verzichtet, spart eine Menge CO_2.

- Kaufe nur, was du wirklich brauchst. Alles andere ist Verschwendung von Ressourcen und Energie.

- Immer schön den Müll trennen. Recycling braucht weniger Energie, als Rohstoffe neu zu gewinnen.

- Und immer daran denken: Der Letzte macht das Licht aus.

EINFACH MAL DIE DINGE BESSER MACHEN

Die Erde braucht uns nicht, aber wir brauchen die Erde. Darum sollten wir achtsam mit ihr umgehen. Viele Menschen machen sich Gedanken darüber, was sie tun können, um unsere Welt ein bisschen besser zu machen. Denn wenn wir unsere Erde nicht retten, haben wir keine Alternative. Es gibt keinen Planeten B. Vielen gehen die Maßnahmen für den Klimaschutz nicht schnell genug. Darum gehen sie auf die Straße und demonstrieren. Sie wollen, dass die Politiker überall auf der Welt den Klimaschutz endlich ernst nehmen, denn schließlich geht es dabei um unsere Zukunft. Die Schwedin Greta Thunberg hat die „Fridays for Future"-Bewegung begonnen, bei der Schüler auf der ganzen Welt freitags während der Unterrichtszeit für den Klimaschutz demonstrieren.

Auch Umwelt- und Naturschutzvereine wie der Naturschutzbund Deutschland (NABU), der Bund für Umwelt und Naturschutz Deutschland (BUND), der World Wide Fund For Nature (WWF) oder Greenpeace setzen sich stark für das Klima und den Schutz der Natur ein. Mit Projekten und Aktionen machen sie auf die Probleme aufmerksam und kämpfen aktiv gegen Missstände. Auch du kannst Botschafter für Klima- und Umweltschutz sein. Werde zum Vorbild für andere und achte darauf, dass du jeden Tag ein paar Punkte der CO_2-Diät von Seite 7 umsetzt. Und natürlich hilft es, wenn du mit anderen über den Klima- und Umweltschutz redest. Erzähle Freunden, Schulkameraden oder Nachbarn, warum es dir wichtig ist, was du dafür machst und warum sie das auch machen sollten.

DAS KANNST DU TUN

- Verteile Blumensamen für eine Bienen- oder Schmetterlingswiese (siehe Seite 68), um mit anderen ins Gespräch zu kommen.

- Gestalte ein T-Shirt mit deiner Botschaft (siehe Seite 38), um ein sichtbares Zeichen zu setzen.

- Bastle plastikfreie Einkaufstaschen (siehe Seite 24) oder Obstnetze (siehe Seite 26) und verschenke sie, um auf den Klimaschutz aufmerksam zu machen.

GRUNDWISSEN FÜR BASTLER

VORLAGEN ÜBERTRAGEN

In diesem Buch findest du ab Seite 116 viele Vorlagen für deine Bastelprojekte. Mach am besten eine Kopie von der benötigten Vorlage in Originalgröße und schneide sie dann aus. Lege die ausgeschnittene Vorlage auf das Material, aus dem du sie ausschneiden möchtest, und umfahre sie mit einem Stift. Schon ist die Vorlage übertragen.

Innenlinien oder Vorlagen mit Details überträgst du am einfachsten, indem du die Linien auf der Rückseite mit einem weichen Bleistift schraffierst. Lege die Vorlage dann mit der Vorderseite nach oben auf das Werkstück und ziehe die Linien mit einem spitzen Stift und etwas Druck nach. Dadurch werden sie auf das Werkstück übertragen.

Wenn du ein Motiv auf Stoff übertragen möchtest, kannst du Schneiderkopierpapier verwenden. Lege dazu zuerst das Schneiderkopierpapier mit der beschichteten Seite nach unten auf den Stoff und lege dann deine Vorlage auf. Am besten klebst du beides mit Klebeband auf dem Stoff fest, damit nichts verrutscht. Dann ziehst du die Linien der Vorlage mit einem spitzen Stift kräftig nach.

TIPP

Klebe die Kopie der Vorlage vor dem Ausschneiden auf dünne Pappe. Dann hast du eine stabile Schablone, die du immer wieder verwenden kannst.

- Bei vielen Bastelprojekten in diesem Buch kommen ganz bewusst leere Verpackungen oder alte Sachen zum Einsatz. Das schont die Umwelt, weil weniger Müll entsteht.

- Verwende, wenn möglich, Klebstoffe ohne Lösemittel. Das ist besser für Mensch und Natur. Auf Seite 12 findest du außerdem ein Rezept, wie du Klebstoff selber machen kannst.

- Verwende Farben und Lacke, die für Mensch und Tier ungiftig sind. Gut geeignet sind zum Beispiel Kinder-Bastelfarben oder Bio-Wandfarben ohne Konservierungsmittel.

- Im Baumarkt erkennst du unbedenkliche Farben an Umweltsiegeln wie Blauer Engel und natureplus® oder an der Kennzeichnung „Für Kinderspielzeug geeignet". Auf Seite 14 findest du außerdem ein Rezept, wie du Farbe selber machen kannst.

- Statt Klarlack kannst du auch natürliches Leinöl oder Leinölfirnis verwenden, um Holz wetterfest zu machen.

- Verwende nur unbehandeltes Holz zum Basteln. Holzschutzmittel sind für Tiere und Insekten giftig.

- Verwende für deine Bastelprojekte am besten Altholz oder Holzreste. Das hilft, die Wälder vor Abholzung zu schützen. Denn Holz ist ein knapper und wertvoller Rohstoff.

- Mit Holz aus nachwachsender Forstwirtschaft leistest du zusätzlich einen Beitrag zum Klimaschutz. Du erkennst es am FSC®-Siegel.

- Auch für Papier gibt es das FSC®-Siegel. Denn für die Herstellung von Papier wird Holz benötigt.

- Wirf Altpapier nicht gleich weg. Oft kannst du die Rückseite noch verwenden. Dünne Verpackungskartons kannst du außerdem super zum Anfertigen von Schablonen nehmen.

- Verwende Papierklebeband statt Klebefilm. Damit hilfst du, Plastikmüll zu vermeiden.

- Wie wär's mit Flicken oder Reparieren statt Wegwerfen? Viele Sachen können schon mit wenigen Handgriffen und etwas Fantasie vor dem Müll gerettet werden.

- Auch Plastikverpackungen können sich noch einmal nützlich machen, bevor sie auf dem Müll landen. Flache Schalen oder Deckel kannst du zum Beispiel als Malerpalette oder zum Anmischen deiner Farben verwenden.

- Leere Schraubgläser kannst du ausspülen und wiederverwenden – zum Beispiel für selbstgemachte Schokocreme (siehe Seite 96) oder deine eigene Lippenpflege (siehe Seite 100).

BASTELN STATT WEGWERFEN

Unglaublich, aber wahr: Jeden Tag landen super Bastelmaterialien einfach achtlos auf dem Müll. Dabei kann man mit ihnen noch tolle Sachen machen. Diese Dinge solltest du in Zukunft besser nicht mehr einfach wegwerfen. Leg dir lieber einen kleinen Vorrat davon an. Sie werden für viele Bastelprojekte in diesem Buch benötigt:

- Eierkartons
- Klopapierrollen
- saubere Papiertüten
- Zeitungspapier
- Pappkarton von Verpackungen
- Füllpapier aus Paketsendungen
- farbige oder bunte Papierreste aller Art
- Deckel aus Metall oder Kunststoff
- Flaschenkorken
- leere Konservendosen
- leere Tetrapaks®
- alte Socken
- abgetragene T-Shirts und Pullover
- kleine Glaskonserven mit Schraubdeckel
- Wachsreste von (Bienenwachs-)Kerzen

HOLZBEIZE SELBER MACHEN

Wenn du willst, dass Holz verwittert und alt aussieht, kannst du mit Essigessenz und feiner Stahlwolle eine Beize ansetzen. Gib etwas Stahlwolle in ein leeres Schraubglas und füll das Glas mit Essigessenz auf. Deckel drauf und zwei Tage abwarten. Dann kannst du die Beize zum Anstreichen verwenden. Einfach zügig auftragen und anschließend an der frischen Luft trocknen lassen. Deine Hände schützt du am besten mit Handschuhen, damit sie sich nicht verfärben.

MEHLKLEBER

DIE UMWELTFREUNDLICHE ALTERNATIVE

DU BRAUCHST

- 35 g Dinkelmehl (Type 630)
- 250 ml Wasser
- kleine Schüssel
- kleiner Kochtopf
- Schneebesen
- Glas mit Schraubdeckel

1 Gib das Mehl in eine kleine Schüssel und rühre es mit etwa 100 ml kaltem Wasser an, bis eine klumpenfreie Flüssigkeit entstanden ist.

2 Bring nun das restliche Wasser in dem Topf zum Kochen. Lass dir dabei von einem Erwachsenen helfen. Die Mehlmischung langsam in das heiße Wasser gießen und gleichzeitig gleichzeitig mit dem Schneebesen zügig einrühren, damit die Masse nicht klumpt.

3 So lange weiterrühren, bis eine puddingartige Masse entstanden ist. Je nach Bedarf kannst du noch etwas Wasser oder etwas Mehl einrühren. Dann nimmst du den Topf vom Herd und lässt den Kleber etwas abkühlen. Dabei rührst du immer mal wieder um.

4 Fülle den Mehlkleber in ein sauberes Glas, verschließe das Glas und stell es in den Kühlschrank. Dort hält sich der Kleber mehrere Tage. Wenn er anfängt säuerlich zu riechen oder zu schimmeln, solltest du ihn nicht mehr verwenden.

Der Mehlkleber eignet sich für Papier, Pappe und unbehandeltes Holz.

Wenn du einen noch stärkeren Kleber brauchst, kannst du das Rezept auf der nächsten Seite verwenden und aus Quark und Hirschhornsalz einen Quarkleim anrühren.

Der Mehlkleister lässt sich wie der Quarkleim auch zum Anrühren von Farbe verwenden.

FARBE SELBER MACHEN

MIT QUARK UND HIRSCHHORNSALZ

DU BRAUCHST

- 100 g Magerquark
- ½ TL Hirschhornsalz
- 1 EL warmes Wasser
- Pigmente (siehe Tipps)
- Leinöl
- großes Glas mit Schraubdeckel
- alter Teller
- Malerpalette
- kleiner Spachtel
- Löffel zum Umrühren

1 Zuerst rührst du einen Quarkleim an. Gib dafür den Magerquark in das Glas. Verrühre dann das Hirschhornsalz mit dem Wasser, bis es sich ganz aufgelöst hat.

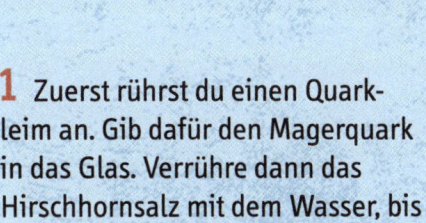

2 Gib das aufgelöste Hirschhornsalz in das Glas und verrühre es langsam mit dem Quark. Der Quark beginnt dabei zu schäumen und wird zu einer rasierschaumartigen Masse.

3 Rühre immer wieder um und lass die Masse etwa eine halbe Stunde stehen. Dabei kannst du beobachten, dass sich die Masse langsam verändert und glänzend wird. Aus dem Quark ist ein zähflüssiger Quarkleim (Kaseinleim) geworden.

4 Nun gibst du mit dem Spachtel etwas Quarkleim auf den Teller – etwa so viel, wie du Farbe brauchst. Gib etwas Pigment auf den Quarkleim und arbeite es mit dem Spachtel ein. Dazu streichst du in alle Richtungen flach mit dem Spachtel durch die Masse, bis das Pigment und der Quarkleim sich vollständig miteinander verbunden haben.

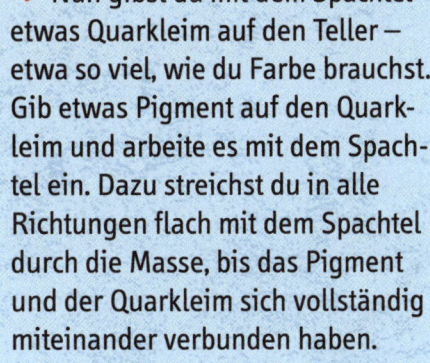

5 Gib ein paar Tropfen Leinöl auf die Farbe und mische es mit dem Spachtel unter. Jetzt kannst du die Farbe mit dem Spachtel aufnehmen und auf die Malerpalette geben. Anschließend den Teller reinigen und nach Wunsch die nächste Farbe mischen.

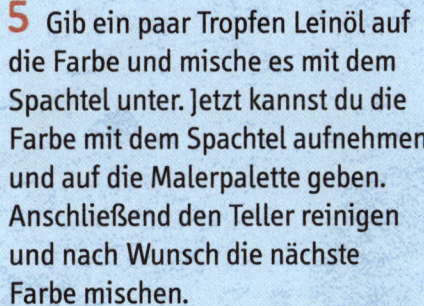

TIPPS

- Als Pigment kannst du zum Beispiel Lebensmittelfarben, Mica-Pulver, Eisenoxide oder Künstlerpigmente verwenden. Lebensmittelfarben sind am günstigsten, Künstlerpigmente am teuersten. Dafür lassen sich mit ihnen sehr hochwertige Farben anrühren.

- Der Quarkleim ist leider nicht lange haltbar. Du kannst ihn aber einige Tage in einem verschlossenen Glas im Kühlschrank aufbewahren.

- Übrigens haben schon die alten Meister mit Kaseintempera (so nennt man diese Farbe unter Künstlern) Bilder gemalt.

- Die Farbe ist nach dem Trocknen wasserunlöslich und sehr haltbar – auch auf glatten Oberflächen.

PAPIER SCHÖPFEN
DIE KREATIVSTE ART, ALTPAPIER ZU RECYCELN

DU BRAUCHST

- Altpapier, z. B. 2 Bogen Zeitungspapier oder großer Eierkarton
- große Wanne mit Wasser
- viele alte Stofftücher
- Eimer mit Wasser
- 2 identische Bilderrahmen in der gewünschten Größe des Papiers
- Fliegengitter mit Befestigungsband
- Schere
- kleine Nägel
- Hammer
- Handrührgerät, Pürierstab oder Standmixer
- Backblech
- Wellholz
- Wäscheständer
- Bügeleisen

TIPP

Die Wanne muss so groß sein, dass du den Bilderrahmen flach hineinlegen kannst.

1 Zuerst bastelst du dir einen Schöpfrahmen. Bringe dazu auf einem der Bilderrahmen mit Hilfe des Befestigungsbandes das Fliegengitter an. Schlage zusätzlich ein paar kleine Nägel ein, damit es sicher hält.

2 Dann bereitest du den Papierbrei zu. Reiße dazu das Altpapier in kleine Stücke und weiche es in dem Eimer in etwas Wasser ein. Danach rührst du das Papier mit dem Handrührgerät, dem Pürierstab oder dem Standmixer zu einem feinen Brei. Lass dir dabei von einem Erwachsenen helfen. Zum Schluss bereitest du die Ablage vor. Dazu legst du das Backblech mit einem Tuch aus.

3 Fülle die Wanne etwa zur Hälfte mit Wasser und gib den Papierbrei hinein. Vermische alles miteinander.

4 Lege den zweiten Bilderrahmen auf den ersten, sodass das Fliegengitter sich in der Mitte befindet. Tauche die Rahmen senkrecht in das Wasser und hebe sie dann waagerecht wieder nach oben heraus, sodass sich die Papierfasern gleichmäßig auf dem Gitter verteilen.

5 Das Wasser ablaufen lassen und das Gitter von unten mit einem alten Stofftuch abtupfen. Dann den oberen Rahmen abnehmen und das Papier vorsichtig mit dem Tuch abtupfen.

6 Den Rahmen mit dem Papier nach unten auf das Tuch der Ablage legen und noch einmal gut das Wasser abtupfen. Dann den Rahmen etwas wippen, damit er sich vom Papier löst, und abnehmen.

7 Ein weiteres Tuch auf die Ablage legen, dann die Rahmen wieder zusammensetzen und das nächste Papier schöpfen. Am Ende mit dem Nudelholz das Wasser aus dem Papier-Tücher-Stapel drücken und die einzelnen Papierbögen mit den Tüchern zum Trocknen aufhängen.

8 Die trockenen Papierbögen von den Tüchern abziehen und bei Bedarf mit dem Bügeleisen glätten.

TIPPS

• Du kannst das Altpapier nach Farben sortieren, um buntes Papier zu machen. Oder du gibst etwas Krepppapier in der gewünschten Farbe in den Papierbrei.

• Streue bunte Papierschnipsel oder selbst gemachtes Konfetti in den Papierbrei in der Wanne. Dadurch lassen sich tolle Effekte erzielen.

• Auf Seite 68 findest du Bastelideen mit selbstgeschöpftem Papier.

GREEN PLANET

WEG MIT DEM PLASTIKMÜLL!

Plastik ist vielseitig. Aus Plastik wird Spielzeug wie Bausteine, Puppen, Autos oder Spielfiguren hergestellt. Aber auch Verpackungen bestehen oft aus Plastik. Wenn Plastik als Müll in der Natur landet, ist das jedoch schädlich für die Umwelt. Dann leidet unsere Erde und Menschen und Tiere werden krank.

Das Problem mit dem Plastik – 5 Fakten

Jeder Mensch in Deutschland, Europa und in der ganzen Welt verbraucht pro Jahr etwa 100 kg Plastik. Das Plastik steckt in Verpackungen, aber auch in Kleidung aus Kunstfasern oder Spielzeug. Ein großer Teil des Plastikmülls landet auf Deponien, ein Teil wird recycelt. Aber ein beträchtlicher Teil des Plastiks gelangt leider auch irgendwann ins Meer.

An manchen Stellen im Meer gibt es bereits mehr Plastik als Plankton. Das sind kleine Krebse und andere winzige Lebewesen, die als Nahrung für Meeressäuger und Fische dienen. Im Pazifik hat sich ein Müllstrudel gebildet, der so groß ist wie ganz Europa.

Jedes Jahr sterben Tausende Schildkröten, Meeressäuger und Wasservögel, weil sie Plastik mit Plankton verwechseln und fressen. Es verstopft ihren Magen, sodass sie nichts mehr essen können und schließlich verhungern.

Auch im Eis der Arktis und Antarktis haben Forscher bereits Plastik gefunden. Sehr kleine Plastikteile, sogenanntes Mikroplastik, werden von Wind und Meeresströmungen bis an den Nord- und an den Südpol getragen.

Mikroplastik ist häufig auch in Zahncremes oder Duschgels enthalten. Die Teilchen sind so klein, dass sie in der Kläranlage nicht aus dem Abwasser gefiltert werden und ebenfalls im Meer landen. Dort wird das Mikroplastik von Fischen gefressen und gelangt so auf unseren Teller.

GUT ZU WISSEN

Es gibt viele Menschen, die sich Gedanken darüber machen, wie wir die Meere wieder sauber kriegen. Sie haben zum Beispiel intelligente Roboternetze erfunden, die Müll aus dem Wasser fischen. Andere bauen alte Schiffe zu schwimmenden Recyclingfabriken um. Es gibt also noch Hoffnung für das Meer.

SPURENSUCHE

Wer war hier unterwegs und hat seine Spuren hinterlassen? Kannst du es erraten?

1.) Dinosaurier; 2.) Fuchs; 3.) Kaninchen; 4.) Vogel; 5.) Affe; 6.) Mensch

MÜLL, NEIN DANKE!

Ein Leben ohne Müll – geht das überhaupt? Es ist nicht ganz einfach, aber es gibt Menschen, die es zumindest versuchen. Ihr Motto heißt „Zero Waste", also „null Müll". Hier ein paar Tipps, die deinen persönlichen Müllberg schrumpfen lassen.

MÜLL VERMEIDEN

Verzichte beim Einkaufen auf Plastiktüten. Nimm einfach eine Tasche oder einen Rucksack mit. Obst und Gemüse kannst du in selbst mitgebrachte Beutel packen (siehe Seite 26). Getränke in Mehrwegflaschen sind besser als Getränke in Getränkekartons, PET-Flaschen oder Dosen.

AUSLEIHEN und TAUSCHEN

Bücher, DVDs und Spiele musst du nicht kaufen. Du kannst sie zum Beispiel in der Bibliothek oder von Freunden ausleihen. Alte Sachen, die du nicht mehr magst, kannst du außerdem tauschen oder verschenken statt wegwerfen.

REPARIEREN statt wegwerfen

Viele Sachen müssen nicht gleich auf den Müll, wenn sie kaputt sind. Vieles kann man reparieren. Mit dem richtigen Kleber und etwas Kreativität wird manches Spielzeug schnell wieder fast wie neu. Und ein Flicken auf der Jeans kann auch ziemlich cool aussehen.

VERZICHTEN

Wer nur hat, was er wirklich braucht, muss weniger wegwerfen. Überlege dir also vor jeder neuen Anschaffung, ob du nicht darauf verzichten kannst. Wie viel brauchst du, um glücklich zu sein?

GEBRAUCHT statt neu

Viele Sachen kann man auch gebraucht kaufen, zum Beispiel im Internet, auf Kinderbasaren oder auf Flohmärkten. Dort kannst du auch deine eigenen Sachen verkaufen, wenn du sie nicht mehr brauchst.

WIEDERVERWERTEN

Wirf alte Sachen nicht einfach weg. Oft kann man sie noch einmal gebrauchen. In diesem Buch findest du viele Beispiele für kreatives Upcycling siehe z. B. Seite 24, 32, 42, 62, 74, 80 und 102).

GUT ZU WISSEN

Plastiktüten bestehen zu einem Großteil aus Erdöl. Sie sind keine Müllbeutel! Sie gehören in die Gelbe Tonne oder den Gelben Sack, nur dann können die Tüten recycelt werden.

SELBERMACHEN statt kaufen

Flüssigseife, Putzmittel oder Lippenpflege aus der eigenen Küche (Rezepte siehe Seite 102, 88 und 100) kommen ohne Chemie und Mikroplastik aus. Außerdem sparst du eine Menge Müll für die Verpackung.

BROTBOX statt Imbissbude

Wer sein Pausenbrot oder seine Vesper für den Ausflug selbst mitbringt, vermeidet Müll. Döner-, Fastfood- und Imbissbuden verwenden eine Menge Plastik und Einweggeschirr, das danach weggeworfen wird. Pack dein Essen lieber in Brotboxen und nimm deine eigene Trinkflasche mit.

Dinge LÄNGER nutzen

Brauchst du wirklich immer das neueste Smartphone, die neueste Mode, die angesagtesten Turnschuhe? Wer seine Sachen länger nutzt, spart nicht nur Geld, sondern auch kostbare Rohstoffe und vermeidet Müll.

KOMPOSTIEREN

Bau dir eine Wurmkiste (siehe Seite 78) oder lege einen Komposthaufen an, wenn ihr einen Garten habt. Gib alles, was aus der Natur kommt, wieder der Natur zurück, indem du daraus gute Pflanzerde machst.

RECYCELN

Trotz strenger Mülldiät wirst du noch immer Dinge haben, die in den Müll gehören. Wirf sie nicht einfach weg, sondern achte darauf, dass du sie ordentlich trennst (siehe Seite 41). So können sie wiederverwertet (recycelt) werden.

PRAKTISCHE EINKAUFSTASCHE

GARANTIERT PLASTIKFREI

DU BRAUCHST

- altes T-Shirt
- Stoffmalfarbe in passender Farbe
- dünne Pappe, A4
- Schneiderkreide
- Pinsel
- Schere
- Lineal
- ggf. selbstklebende Buchstabenschablone
- ggf. Schneiderkopierpapier
- Bügeleisen

Vorlage Seite 117

PLASTIK NEIN DANKE

1 Lege das T-Shirt flach aus. Schneide mit der Schere die Ärmel an der Naht entlang ab. Am Ausschnitt schneidest du einen Halbkreis aus. So entstehen am oberen Ende des T-Shirts zwei Henkel (siehe Skizze).

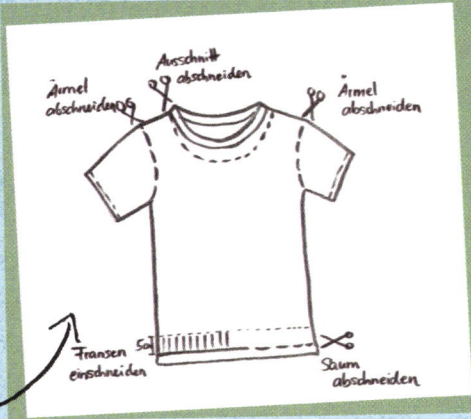

2 Schneide unten am T-Shirt den Saum ab. Zeichne dann mit Lineal und Schneiderkreide 5 cm vom unteren Rand des T-Shirts entfernt eine Linie an.

3 Zeichne an unteren Rand 1,5 cm breite Streifen an und schneide sie durch beide Stofflagen bis zur Linie ein.

4 Nimm immer zwei Stoffstreifen, die aufeinanderliegen, und verknote sie fest miteinander. Dadurch wird das T-Shirt zur Tasche.

TIPP

Wenn du willst, dass man die Fransen nachher nicht sieht, wendest du das T-Shirt davor, sodass die Nähte nach außen zeigen. Nach dem Knoten wieder auf die richtige Seite wenden.

5 Lege die dünne Pappe zum Schutz in die Tasche und übertrage das Motiv mit Hilfe der Vorlage wie auf Seite 9 beschrieben auf den Stoff. Male das Motiv anschließend mit Stoffmalfarbe aus.

6 Für den Schriftzug erstellst du am besten mit der Buchstabenschablone auf einem Stück Papier eine Vorlage. Wenn dir der Schriftzug gefällt, legst du die Buchstaben anschließend wie auf deiner Vorlage auf den Stoff und tupfst sie nacheinander mit der Farbe aus. Die Schablone unbedingt nach jedem Buchstaben sauber machen!

7 Die Farbe nach Herstellerangabe trocknen lassen und mit dem Bügeleisen fixieren. Fertig ist deine Tasche!

🏆

CHALLENGE 1
Kleiderschrank-Schatzsuche

Wie viele **alte** T-Shirts findest du, die dir nicht mehr passen oder kaputt sind?

TIPPS FÜR KLIMARETTER

- Pack die Einkaufstasche in deinen Rucksack oder in deine Tasche, damit du sie beim Einkaufen immer griffbereit hast.

- Fertige viele Einkaufstaschen aus alten T-Shirts an und verschenke sie, damit auch deine Freunde und Bekannte beim nächsten Einkauf auf eine Plastiktüte verzichten können.

- Mit einem coolen Klimaretter-Spruch auf der Tasche machst du andere auf das Thema aufmerksam.

KLEINER OBSTBEUTEL

EIN SCHLAUER HELFER GEGEN DEN PLASTIKWAHN

DU BRAUCHST

- Tüllrest oder alte Gardine, 60 cm x 20 cm
- Wollreste
- Sticknadel mit großem Öhr
- Schere

1 Lege den Tüll doppelt, sodass ein 30 cm x 20 cm großes Rechteck entsteht. Fädle etwas Wolle in die Nadel und nähe den Beutel an beiden Seitenkanten mit Schlingstichen zusammen. Am oberen Ende lässt du die Seiten etwa 4 cm weit offen. Sichere das Ende des Wollfadens jeweils mit einem festen Knoten.

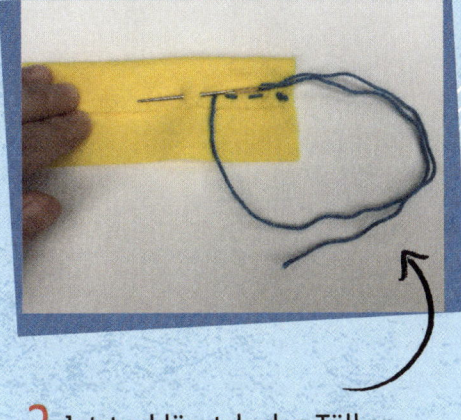

2 Jetzt schlägst du den Tüll an der Öffnung des Beutels etwa 2 cm weit nach innen um und nähst einmal mit Vorstich rund um die Öffnung. So entsteht ein Tunnel, der rechts und links eine Öffnung hat. Am Ende sicherst du den Wollfaden wieder mit einem festen Knoten.

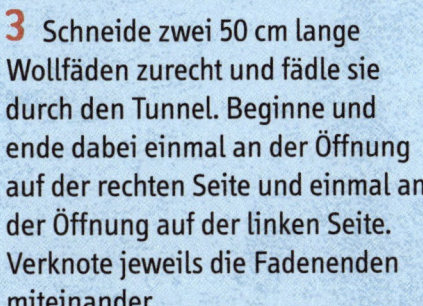

3 Schneide zwei 50 cm lange Wollfäden zurecht und fädle sie durch den Tunnel. Beginne und ende dabei einmal an der Öffnung auf der rechten Seite und einmal an der Öffnung auf der linken Seite. Verknote jeweils die Fadenenden miteinander.

4 Wenn du nun an beiden Wollfäden gleichzeitig ziehst, wird die Öffnung des Beutels geschlossen.

TIPPS FÜR KLIMARETTER

- Du kannst für den Obstbeutel auch den Rest des Fliegengitters verwenden, das du für den Schöpfrahmen auf Seite 16 brauchst!

- Nähe viele Obstbeutel und verschenke sie. So können auch deine Freunde oder Familienmitglieder beim nächsten Obst- und Gemüseeinkauf auf die klimaschädlichen Plastiktüten verzichten.

- Sticke ein schönes Motiv auf deinen Beutel, bevor du ihn zusammennähst. Dazu malst du das Motiv auf ein Stück Papier und klebst das Papier mit Klebeband hinter den Tüll. Dann „zeichnest" du das Motiv mit Nadel und Faden nach – zum Beispiel mit schlichtem Vorstich. Achte darauf, dass du den Tüll dabei nicht zusammenziehst.

DAS MÜLL-EXPERIMENT

Wie schädlich ist Müll für unsere Umwelt? Dieses Experiment zeigt dir, warum Müll nicht einfach weggeworfen werden darf.

DU BRAUCHST

- verschiedene Arten von Müll (z. B. Apfelbutzen, Orangenschale, Karton oder Zeitung, Holz, leere Konservendose, Joghurtbecher usw.)
- freies Stück mit Erde im Garten oder großer Blumenkasten mit Komposterde
- Pflanzschilder
- Gießkanne
- kleine Schaufel

1 Vergrabe die verschiedenen Müllstücke in der Erde, sodass sie ganz bedeckt sind.

2 Beschrifte die Pflanzschilder mit den verschiedenen Müllarten und markiere damit die Stellen, an denen du sie vergraben hast.

3 Gieße den Müll an und halte die Erde mit der Gießkanne feucht.

4 Kontrolliere mehrere Wochen lang regelmäßig, was mit dem Müll in der Erde passiert. Welches Stück verändert sich? Was verändert sich nicht? Jetzt kannst du dir sicher vorstellen, warum Plastik in der Natur ein großes Problem ist.

CHALLENGE 2
Müll-Forscher

Leg los! Schreibe deine Beobachtungen in einem Forschertagebuch auf und präsentiere deine Ergebnisse später deiner Familie oder deinen Freunden.

ORANGENSCHALE

KERNGEHÄUSE

KARTON

LEERE KONSERVENDOSE

ZEITUNG

HOLZ

JOGHURTBECHER

KOMM, WIR SAMMELN MÜLL!

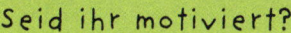

Müll ist ein Problem. Besonders, wenn er die Natur verschmutzt. Da hilft nur eins: anpacken und aufräumen. Plant eine Aufräumaktion und sammelt Müll in eurer Umgebung!

Seid ihr motiviert?

Suche Gleichgesinnte, die bei der Aktion mitmachen wollen. Besprecht, warum ihr die Aktion machen wollt.

Wo wird aufgeräumt?

Kennt ihr ein Gebiet, in dem es besonders schmutzig ist? Können alle dort hinkommen, um mitzumachen?

Genehmigung eingeholt?

Holt euch bei eurer Gemeinde, dem Hafenamt oder dem Wasser- und Schifffahrtsamt eine Genehmigung für eure Aktion. Wenn ihr in einem Schutzgebiet sauber machen wollt, müsst ihr die verantwortliche Umweltbehörde informieren.

Richtig ausgestattet?

Damit ihr richtig zupacken könnt, braucht ihr dicke Arbeitshandschuhe oder Greifzangen. Den Müll packt ihr am besten in robuste Plastikmüllsäcke.

Was könnt ihr sammeln?

Plastikverpackungen und leere Flaschen oder Dosen könnt ihr problemlos sammeln. Von manchen Abfällen gehen jedoch Gefahren für die Gesundheit aus. Bauschutt, Autobatterien oder auch einfach Behälter mit einer undefinierbaren Flüssigkeit solltet ihr nicht anfassen. Wenn ihr unsicher seid, lasst den Müll im Zweifelsfall liegen. Merkt euch den Standort und meldet den Müll dem Entsorgungsbetrieb.

Wohin mit dem Müll?

Kleine Mengen könnt ihr selbst trennen und zu Hause entsorgen. Bei größeren Mengen könnt ihr beim Abfallentsorger oder bei eurer Gemeinde nachfragen. Vielleicht unterstützen sie eure Aktion und holen den gesammelten Müll ab. Ansonsten müsst ihr den Müll selbst trennen und zur Sammelstelle bringen. Bittet einen Erwachsenen, euch beim Transport zu helfen und eventuell anfallende Kosten für die Entsorgung zu übernehmen.

TIPP

Redet mit den Leuten, die euch begegnen. Erklärt ihnen, warum ihr die Aufräumaktion macht. Vielleicht denkt der eine oder andere dadurch mal über seinen eigenen Müll nach.

TRASHBUSTERS
GEMEINSAM GEGEN DIE PLASTIKFLUT

TRASHBUSTERS H2O

Rund 10 Millionen Tonnen Müll gelangen jedes Jahr in die Ozeane, etwa 75 Prozent davon aus Plastik. Wissenschaftler*innen haben schon jetzt mindestens fünf große Müllstrudel entdeckt, in denen der Müll teilweise eine Fläche einnimmt, die so groß ist wie Deutschland, Österreich und Schweden zusammen! Das hat schon jetzt sichtbare und in Zukunft unvorhersehbare Auswirkungen auf Ökosysteme und auf die Lebensqualität der Menschen.

Die NAJU (Naturschutzjugend im NABU) ruft deshalb jedes Jahr mit den Trashbusters-Aktionswochen dazu auf, mit vereinten Kräften „klar Schiff" zu machen! Es gilt, Küsten, Strände, Seen, Fließgewässer und Meere zu reinigen und wichtige Aufklärungsarbeit zu leisten.

Jedes Jahr gibt es die Trashbusters-Aktionswochen. Diese beginnen eine Woche vor dem Coastal Cleanup Day – dem internationalen Tag der Strandreinigung. An diesem Tag sammeln Menschen auf der ganzen Welt Müll an Stränden und setzen sich so für saubere Meere ein.

In ganz Deutschland sagen auch die Trashbusters, also Gruppen aus jungen Leuten, in dieser Zeit dem Plastikmüll den Kampf an! Der Einsatz lohnt sich: Die fleißigsten und kreativsten Trashbusters werden mit dem Aqua Award belohnt.

JEDE*R KANN MITMACHEN UND EINE MÜLLSAMMEL–AKTION ODER EINE AKTION ORGANISIEREN, DIE AUF DAS PROBLEM AUFMERKSAM MACHT.

Weitere Infos gibt es auf www.trashbusters.de

NAJU

AKTIONSHELD*INNEN UNTERWEGS

THE OCEAN CLEANUP

Der 1994 geborene Niederländer Boyan Slat hat im Rahmen einer Crowdfunding-Kampagne mehr als zwei Millionen US-Dollar gesammelt, um den Prototyp einer von ihm und Freunden entworfenen Anlage zu bauen, die in der Lage ist, im großen Stil Plastikmüll aus den Ozeanen zu fischen. Die Anlage soll aus riesigen Fangarmen bestehen, die die Strömung der großen Meeresstrudel nutzen, um den Müll in Richtung einer Auffangplattform zu treiben. Noch befindet sich das Projekt aber im Ideenstadium und muss sich in der rauen See bewähren und beweisen, dass es keine Meereslebewesen, beispielsweise durch Beifänge, gefährdet.

FREDDY VON DER NAJU

Freddy von der NAJU hat Geowissenschaften in Bremen studiert und reist mit Wissenschaftler*innen in die Arktis, um zu erforschen, wie schnell der Grönländische Eisschild seit der letzten Eiszeit abgeschmolzen ist. „Durch seine Lebensweise nimmt der Mensch Einfluss auf das System Erde und zerstört dabei durch unüberlegtes Handeln seine eigene Lebensgrundlage", sagt Freddy. „Die großen Müllstrudel in den Weltmeeren sind ein erschreckendes Beispiel, wie sehr wir heute schon unserem Planeten schaden und ihn langfristig zerstören." Überall auf der Welt engagieren sich bereits Menschen für den Schutz der Ozeane. Lasst euch von ihren Ideen, ihrer Tatkraft und ihrem Mut inspirieren!

FISHING FOR LITTER

Seit 2011 kämpft der NABU gemeinsam mit zahlreichen Fischer*innen von Nord- und Ostsee und regionalen Partner*innen gegen die Plastikflut. Die Fischer*innen können den Plastikmüll, den sie in ihren Netz mitfischen, in den Häfen in eigens eingerichteten Sammelbehältern abgeben. Hier wird der Müll erfasst, sortiert und fachgerecht entsorgt. www.NABU.de

CLEAN RIVER PROJECT

Der Fotodesigner und Freizeitpaddler Stephan Horch sammelt Müll ein, wenn er mit seinem Kanu unterwegs ist. Bevor er ihn entsorgt, fotografiert er ihn und macht so auf die Verschmutzung der Gewässer aufmerksam. www.cleanriverproject.de

GUT GERÜSTET FÜR EURE AKTION

DAS BRAUCHEN WIR

_____

_____

_____

_____

_____

_____

_____

_____

_____

_____

_____

Wahrscheinlich werdet ihr für eure Aktion das eine oder andere an Material brauchen. Hier könnt ihr auflisten, welche Dinge ihr benötigt.

DORT KÖNNTEN WIR ES BEKOMMEN:
Ihr braucht nicht alles neu zu kaufen. Verwendet wenn möglich das, was schon da ist. So könnt ihr den Finanzbedarf für eure Aktion erheblich reduzieren und schont Ressourcen.

HIER KÖNNT IHR FÜNDIG WERDEN:
in Wohnungen, Kellern, Garagen stöbern, Dinge ausborgen, auf Websites suchen, wo es Sachen zu verschenken gibt, z. B. www.de.freecycle.org, Geschäfte um Sachspenden bitten

FÜR DIE DINGE, DIE IHR KAUFEN MÜSST,
könnt ihr zum Beispiel mit diesen Aktionen relativ unkompliziert ein wenig Geld verdienen:
- einen Kuchenbasar veranstalten
- eine Waffelback-Aktion starten
- einen Flohmarkt organisieren
- eine Tombola auf die Beine stellen
- eine Party veranstalten (Eintrittsgelder und Verkauf von Snacks und Getränken bringen die Einnahmen)

FÜR ETWAS GRÖSSERE SUMMEN GIBT ES DIESE MÖGLICHKEITEN:
- eine Crowdfunding-Kampagne starten einen Sponsor suchen (z. B. ein lokales Unternehmen)
- Fördertöpfe anzapfen (Recherche über www.stiftungen.org)

INFOS FÜR VIELE OHREN

Crew! Ihr seid nun schon mittendrin in der Planung eurer Heldenaktion. Zeit sich zu fragen: Wer soll alles von eurer Aktion erfahren? Diese Übersicht zeigt euch mögliche Zielgruppen Zeit sowie Möglichkeiten, mit welchen Instrumenten der Öffentlichkeitsarbeit ihr sie erreichen könnt.

ENGE FREUNDE & FAMILIE
Persönliche Info & Einladung

WEITERER FREUNDESKREIS & LEUTE AUS EURER SCHULE
Soziale Netzwerke, Plakate, Flyer, Info-veranstaltungen

MENSCHEN AUS EUREM VIERTEL
Plakate & Flyer, soziale Netzwerke, Guerilla-Kunst, Moosgraffiti, Sticker, Infos mit Kreide auf Fußwege schreiben

MENSCHEN AUS EURER STADT & EURER REGION
Einladung der Regionalpresse, soziale Netzwerke, Homepage eurer Gemeinde, Film fürs Regionalfernsehen, Briefwurfsendungen

NOCH MEEEEEHR MENSCHEN
Überregionale Presse, Promi als Schirmherr*in eurer Aktion gewinnen, soziale Netzwerke

WICHTIG IST,
dass ihr euch ganz genau überlegt, wer die Zielgruppe ist, die ihr gerade erreichen wollt. Mit welchem Tonfall, mit welchen Worten, mit welchen Argumenten müsst ihr sie ansprechen, um sie tatsächlich für eure Aktion zu interessieren?

EINE VORLAGE FÜR EINE PRESSEMITTEILUNG FINDET IHR HIER:
WWW.TRASHBUSTERS.DE/DOWNLOADS

DAUER-WASSERBOMBEN

DIE UMWELTFREUNDLICHE ALTERNATIVE MIT SPASSFAKTOR

- Schwämme oder Schwammtücher (z. B. aus Zellulose)
- Kabelbinder
- Schere oder Messer mit Wellenschliff

1 Zerschneide die Schwämme und Schwammtücher in 1,5 cm breite Streifen. Schwämme lassen sich am besten mit dem Messer schneiden

2 Lege jeweils einen kleinen Stapel Streifen übereinander und binde die Streifen in der Mitte mit dem Kabelbinder zusammen. Ziehe den Kabelbinder so fest wie möglich an, sodass eine Schwammkugel entsteht. Das überstehende Ende des Kabelbinders schneidest du knapp mit der Schere ab.

3 Tauche die Wasserbomben in einen Eimer mit Wasser – schon kann die Wasserschlacht beginnen!

FAKTEN FÜR KLIMARETTER

- Den Kabelbinder kannst du auch durch festes Naturgarn ersetzen. Wickle es ein paar Mal um die Mitte der Streifen und verknote es mehrmals, damit die Wasserbombe lange zusammenhält.

- Die Dauer-Wasserbomben machen ordentlich nass, verbrauchen aber viel weniger Wasser als normale Wasserbomben.

- Du kannst die Wasserbomben immer wieder verwenden. Es entsteht kein Müll, der in der Natur rumliegt und wieder eingesammelt werden muss.

- Schwämme, die zu 100 % aus Zellulose oder anderen Naturfasern bestehen, können später einfach kompostiert werden.

CHALLENGE 3
Wasser marsch!

Stellt einen Eimer in etwa 3 m Entfernung auf. Wer wirft die meisten Wasserbomben in den Eimer?

COOLE TRINKFLASCHE

FÜR CLEVERE KLIMARETTER

DU BRAUCHST

- Trinkflasche aus Glas mit Verschluss
- 2 alte Socken, passend zur Größe der Trinkflasche
- 4 alte Knöpfe für die Augen
- Filzplatte, 2–3 mm stark, A4
- Nadel und Faden
- Schere

1 Wende eine Socke auf links. Lege beide Socken flach hin, sodass die Ferse auf der Socke liegt. Falte die Ferse in der Mitte zusammen und nähe sie unten ab, sodass ein Sockenschlauch mit Schnabel entsteht.

2 Zieh die Socke, die du auf links gewendet hast, über die Flasche und klappe den Schnabel nach oben. Miss den Umfang und die Höhe des Flaschenbauchs und schneide den Filz auf die entsprechende Größe. Lege den Filz um die Flasche und nähe ihn mit Schlingstichen zusammen.

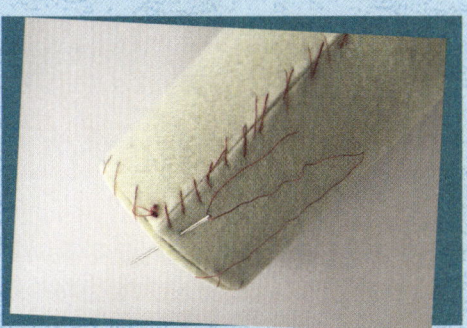

3 Stelle die Flasche auf den restlichen Filz und umfahre den Boden mit einem Stift. Schneide den Boden aus und nähe ihn mit Schlingstichen fest.

4 Ziehe die zweite Socke über die Flasche; achte darauf, dass sie am Boden ohne Falten sitzt. Klappe den Schnabel nach unten und nähe die Knöpfe mit ein paar Stichen als Augen auf. Zuletzt kannst du oben die Bündchen umschlagen, damit sie einen schönen Abschluss bilden.

TIPP

Zum Reinigen der Flasche einfach die Bündchen nach unten schlagen und die Flasche aus der Hülle ziehen. Bei Bedarf kannst du außerdem den Filz aus den Socken nehmen und die Socken in der Waschmaschine waschen. Danach einfach alles wieder nacheinander über die Flasche ziehen.

TIPPS FÜR KLIMARETTER

- Statt Filz kannst du auch Wellpappe nehmen und einfach mit Klebeband zusammenkleben.

- Die Flaschenhülle aus alten Socken schützt die Flasche, isoliert und ist sooooo cool!

- Bring dein Getränk ab heute immer selbst mit und verzichte auf Getränkedosen, Einwegflaschen und Tetrapaks®.

- Clevere Kids lassen sich ihre Flaschen unterwegs einfach wieder auffüllen. An vielen Orten kannst du kostenlos Leitungswasser bekommen. Solche „Refill-Stationen" kannst du z. B. am blauen „Refill"-Aufkleber erkennen – oder einfach in einem Café oder Restaurant nett fragen.

SPRUCHREIFES T-SHIRT

SAG ALLEN DEINE MEINUNG!

DU BRAUCHST

- helles T-Shirt in deiner Größe
- Stoffmalfarbe in Schwarz, Weiß sowie in Blau- und Grüntönen
- Schneiderkopierpapier oder Schneiderkreide
- dünne Pappe
- Pinsel
- Bügeleisen

Vorlage Seite 117

1 Übertrage die Vorlage wie auf Seite 9 beschrieben auf die Vorderseite deines T-Shirts. Wenn du magst, kannst du auch ein eigenes Motiv entwerfen oder dir einen eigenen Spruch ausdenken.

2 Schiebe die dünne Pappe zum Schutz in das T-Shirt, damit die Farbe nicht auf die Rückseite durchdruckt. Male das Motiv mit der Stoffmalfarbe aus. Ziehe dazu zuerst die schwarzen Linien mit einem feinen Pinsel nach. Achte darauf, dass du mit deiner Hand die feuchte Farbe nicht verwischst. Alles trocknen lassen.

3 Jetzt kannst du die Flächen ausmalen. Lass die Farbe wieder trocknen und ziehe dann bei Bedarf noch einmal die Linien mit schwarzer Farbe nach.

4 Zum Schluss lässt du alles gut trocknen und fixierst anschließend die Farbe nach Herstellerangabe mit dem Bügeleisen. Lass dir dabei am besten von einem Erwachsenen helfen.

TIPP

Kleine Flecken und Fehler kannst du nach dem Trocknen unter bunten Punkten verstecken, die du überall um dein Motiv herum aufmalst. Bei einem weißen T-Shirt kannst du sie auch einfach mit weißer Stoffmalfarbe übermalen.

SPRÜCHE FÜR KLIMARETTER

Fischers Fritz fischt frisches Plastik.

Hinterlass deine Fußspuren, nicht deinen Müll.

Es gibt keinen Planeten B.

Falls mich jemand sucht: Ich bin die Welt retten.

Weniger Plastik, mehr Meer.

Ohne Bäume keine Träume.

Die Erde braucht uns nicht!

Rettet die Wale!

Berufswunsch: Klimaretter.

CHALLENGE 4
#Dichten for Future

Denke dir mit deinen Freunden eigene Sprüche aus, dichtet Liedtexte um oder erfindet coole Hashtags für den Klimaschutz.

WOHIN MIT DEM GANZEN MÜLL?

Mülltonne auf, Abfall rein und Deckel zu. Den Rest besorgt die Müllabfuhr, oder? Ganz so einfach ist es leider nicht. Nur wenn du den Müll richtig trennst, kann er wiederverwertet werden. Das leistet einen großen Beitrag zum Klimaschutz und schont die natürlichen Ressourcen.

Stichwort „Ressourcen"

Natürliche Ressourcen sind so etwas wie die Schätze der Natur. Dazu gehören Rohstoffe wie Wasser, Eisen, Aluminium, Sand, Lehm, Stein, Erdöl oder Holz. Sie sind die Grundlage vieler Produkte unseres täglichen Lebens. Viele Ressourcen sind aber nicht unendlich. Darum müssen wir sparsam mit ihnen umgehen.

Upcycling

Wirf nicht alles auf den Müll. Aus vielen Dingen lassen sich noch tolle Sachen machen. Ausgepresste Orangenschalen werden zu Putzmittel (siehe Seite 88), eine Milchtüte wird zur Futterstelle für Vögel (siehe Seite 62), alte Socken verwandeln sich in Spültücher (siehe Seite 86) und aus Flaschenkorken entsteht eine praktische Pinnwand (siehe Seite 44). Ganz schön kreativ. Und ganz schön umweltfreundlich!

GUT ZU WISSEN

In Deutschland werden ungefähr 90 % der Kunststoffabfälle eingesammelt, aber nicht einmal die Hälfte davon wird wiederverwertet. Der größte Teil wird in Müllverbrennungsanlagen verbrannt, weil die Entsorgungsunternehmen damit mehr Geld verdienen. Und leider wird ein großer Teil auch auf Mülldeponien in Asien entsorgt.

🏆 CHALLENGE 5
Müll-Sortierer

Nimm den vollen Papierkorb aus deinem Zimmer und sortiere den Müll nach den Kategorien auf Seite 41. Schaffst du es in weniger als 5 Minuten? Entsorge den Müll anschließend getrennt voneinander.

MÜLL TRENNEN — ABER RICHTIG!

Gelbe Tonne oder Gelber Sack

Das kommt rein: Verpackungsmüll aus Plastik, Weißblech, Alu und Verbundstoffen
Beispiele: Plastiktüten, Joghurtbecher, Shampooflaschen, Konservendosen, Milchtüten, Folien, Flaschendeckel

Glascontainer

Das kommt rein: leere Flaschen und Gläser von Kosmetikprodukten und Lebensmitteln, am besten ohne Deckel und nach Farben sortiert (weiß, grün und braun). Blaues und gelbes Glas wirfst du beim grünen Glas ein.

Altpapier

Das kommt rein: Papier, Pappe, Karton
Beispiele: Zeitungen, Zeitschriften, Prospekte, Geschenkpapier, Schachteln, Eierkartons, Umschläge, Schreibpapier

Biotonne

Das kommt rein: Küchenabfälle, Grünabfälle
Beispiele: Kartoffelschalen, Obst- und Gemüsereste, Kaffeesatz, Teebeutel, Essensreste (auch gekochte), verdorbene Lebensmittel, Blumen, Laub, kleine Zweige

Restmüll

Das kommt rein: alles, was nicht wiederverwertet werden kann und kein Problemmüll (siehe unten) ist.
Beispiele: Kehricht, Staubsaugerbeutel, Windeln, Gummi, Porzellan, Fotos, Trinkgläser, Lumpen, verschmutztes Papier, Kassenzettel, Fahrkarten, Backpapier etc.

Und der Rest?

Batterien, Energiesparlampen, Elektrogeräte, Farben und Lacke sind Problemmüll und müssen darum zu einer Sammelstelle oder zum Wertstoffhof gebracht werden.
Korken, Handys, CDs und DVDs sind wertvoll. Darum gibt es immer wieder Sammelaktionen, die zum Beispiel vom NABU organisiert werden.

TIPP

Trenne bei Verpackungen, die aus verschiedenen Materialien bestehen, die verschiedenen Teile voneinander und wirf sie einzeln in den Müll. Je besser du zu Hause trennst, desto besser können die Müllsortiermaschinen ihre Arbeit machen!

PRAKTISCHE TASCHE
FÜR KLEINKRAM, SCHÄTZE UND MONETEN

DU BRAUCHST

- Shampoo-Flasche
- Schnur- oder Kordelreste
- Filzstift
- spitze Schere
- ggf. Musterbeutelklammer

1 Ziehe auf der Vorderseite der Shampoo-Flasche eine waagerechte Linie und verbinde die Enden der Linie auf der Rückseite der Flasche mit einem großen Bogen nach oben. Das wird später die Klappe.

2 Schneide die Flasche oberhalb der Linie grob ab und schneide dann noch einmal sauber an der Linie entlang nach. Achte darauf, dass keine Filzstiftlinien mehr zu sehen sind.

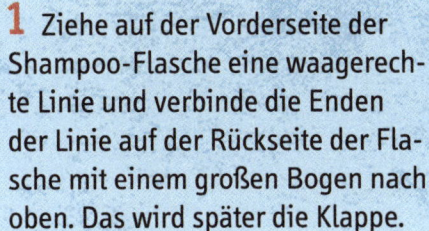

3 Für den Verschluss stichst du mit der Schere ein Loch in die Klappe und passend dazu in das Unterteil. Falte dazu die Klappe nach unten, um die richtige Stelle für das Loch zu finden.

4 Ziehe jeweils ein Stück Schnur durch das Loch und verknote die Schnurenden auf der Innenseite. Schlag die Klappe nach unten und binde eine feste Schleife. Schon ist deine Tasche fertig!

5 Wenn du möchtest, kannst du noch eine Blume aus den Flaschenresten ausschneiden. Stich ein Loch in der Mitte. Dann bringst du die Blume mit einer Musterbeutelklammer in einem Loch an der Klappe an.

TIPPS FÜR KLIMARETTER

- Auch aus leeren Tuben von Pflegeprodukten kannst du nach dieser Anleitung kleine Taschen basteln.

- Leere Behälter von Seifenspendern kannst du für deine selbstgemachte Flüssigseife wiederverwenden (siehe Seite 102)

- Aus Plastikflaschen lassen sich auch Stiftehalter, Spardosen oder U-Boote für die Badewanne bauen. Fallen dir noch andere Bastelideen ein?

PINNWAND AUS ALTEN KORKEN

ALLES GUT IM BLICK

DU BRAUCHST

- Bilderrahmen
- alte Weinkorken
- feste Pappe, passend zum Bilderrahmen
- Farbe
- Holzleim
- Pinsel
- Küchenmesser

Freitag
Bienenhotel bauen
Blumen gießen
Schwimmen mit Karla

1 Öffne den Bilderrahmen und entferne das Glas und das Passepartout. Dann kannst du den Bilderrahmen in deiner Lieblingsfarbe anmalen. Die Farbe gut trocknen lassen.

2 Schneide die Pappe so zu, dass sie in den Bilderrahmen passt. Wenn du möchtest, kannst du sie in einer passenden Farbe anmalen. An einigen Stellen wird man die Pappe nachher zwischen den Korken durchsehen. Wenn sie leuchtend bunt ist, sieht das schöner aus.

3 Schneide die Korken in 1,5 cm dicke Scheiben. Lass dir dabei von einem Erwachsenen helfen. Je nach Größe des Bilderrahmens brauchst du ziemlich viele. Bei der Pinnwand auf dem Foto sind es etwa 100 Scheiben.

4 Die getrocknete Pappe kannst du nun einrahmen und mit den Korken bekleben. Damit du siehst, wie die Korken am besten in den Rahmen passen, legst du sie einmal probehalber auf die Pappe. Für den Rand kannst du die Scheiben auch halbieren, für die Ecken vierteln.

5 Zum Schluss kannst du einzelne Korken noch bunt anmalen. Dann lässt du alles gut trocknen.

TIPP

Aus Korken kannst du auch lustige Figuren basteln. Hier hat sich ein Sektkorken mit etwas Farbe in eine Biene verwandelt. Für die Fühler wurden zwei Perlen mit etwas Kordel festgeknotet. Drehe eine Ringschraube in den Bienenkopf und du kannst die Biene z. B. an deinen Schlüsselbund hängen.

DEKORATIVE KERZENLEUCHTER

EIN UPCYCLINGPROJEKT FÜR FLEISSIGE DECKELSAMMLER

DU BRAUCHST

- verschiedene Metall- und Plastikdeckel von Flaschen, Dosen, Gläsern und Tuben
- Kerzenhalter mit Wachsteller
- Schaschlikstäbchen
- Heißkleber
- Stechahle oder Nagel und Hammer
- Schere

1 Reinige die Deckel und trockne sie anschließend ab.

2 Staple die Deckel zunächst probehalber übereinander, beginne dabei mit einem großen Deckel, damit der Kerzenhalter später sicher steht. Ganz oben legst du den Kerzenhalter drauf.

3 Wenn dir dein Türmchen gefällt, legst du die einzelnen Deckel der Reihenfolge nach auf den Tisch und stichst mit der Stechahle oder Nagel und Hammer in jeden mittig ein Loch.

4 Setze das Türmchen nun wieder zusammen. Beginne dazu von unten nach oben. Schiebe immer einen Deckel auf das Schaschlikstäbchen und klebe ihn mit Heißkleber fest. Lass dir dabei am besten von einem Erwachsenen helfen.

5 Wenn das Türmchen fertig ist, schneidest du das überstehende Schaschlikstäbchen mit der Schere ab. Zum Schluss setzt du den Kerzenhalter auf und klebst ihn mit Heißkleber fest. Fertig ist der Kerzenständer.

TIPPS FÜR KLIMARETTER

- Sammle Kerzen- und Wachsreste und mach daraus neue Kerzen. Einfach das Wachs in einer leeren Konservendose im Wasserbad schmelzen. Einen gewachsten Docht mittig in ein leeres Glas stellen und fixieren, das Wachs einfüllen und abkühlen lassen. Schon hast du ein Windlicht.

- Aus den Resten von Bienenwachskerzen kannst du Wachstücher (siehe Seite 98) oder Lippenbalsam (siehe Seite 100) machen.

MOBILES UTENSILO

FÜR HEIMWERKER, BAUARBEITER, KÜNSTLER UND HOBBYGÄRTNER

DU BRAUCHST

- leere Konservendosen
- Holzleiste, 2 cm stark, Länge und Breite je nach Anzahl und Größe der Dosen
- Papierreste
- feste Kordel oder Seil
- Schrauben, 20 mm lang
- Unterlegscheiben
- Kleister
- Pinsel
- Schere
- Schraubenzieher
- Hammer und dicker Nagel
- Stichsäge
- Schleifpapier
- Werkbank

1 Spül die Dosen gut aus und entferne die Banderole. Danach kannst du die Dosen mit schönem Papier bekleben. Schneide dazu für jede Dose einen Streifen in der passenden Größe zu, bestreiche ihn auf der Rückseite mit Kleister und klebe ihn rundherum auf die Dose. Trocknen lassen.

2 Säge die Holzleiste eventuell auf die passende Größe. Lass dir dabei am besten von einem Erwachsenen helfen. Danach kannst du die Kanten mit Schleifpapier glätten und das Holz anmalen, wenn du willst.

3 Schlag nun mit Nagel und Hammer an jeder Dose mittig ein Loch in den Boden. Dann schraubst du die Dosen auf das Brett. Lege dabei immer eine Unterlegscheibe in die Dose, bevor du die Schraube eindrehst. Dann hält die Dose richtig fest.

4 Für den Henkel schlägst du in zwei Dosen seitlich ein Loch. Spanne dazu einen Holzrest ein und schiebe die Dose drüber, damit sie sich nicht verbiegt (siehe Foto). Das Loch kannst du mit dem Schraubenzieher weiten und auf der Innenseite glätten, damit es keine scharfen Kanten hat.

5 Flechte die Kordel und knote sie an den Löchern als Griff fest. Fertig ist dein mobiles Utensilo.

TIPPS FÜR KLIMARETTER

- Streiche zum Schutz eine Schicht Kleister über die beklebten Dosen, dann bleiben sie länger schön.

- Du kannst auch ein Utensilo aus festen Pappröhren bauen, zum Beispiel mit Chipsdosen.

- Leere Konservendosen kannst du auch als Blumentopf verwenden. Mach in den Boden ein Loch, damit das Gießwasser ablaufen kann.

- Du kannst die Dosen auch mit Wollresten umwickeln, mit einer alten Socke beziehen, mit einem Stoffrest bekleben oder einfach bunt anmalen.

GREEN GARDEN

EIN PLATZ FÜR WILDE TIERE

Nicht nur Eisbär, Pinguin und Co. sind in Gefahr. Auch ganz in unserer Nähe kämpfen Tiere ums Überleben. Der Platz für Hase, Igel, Piepmatz und andere Tiere wird immer kleiner. Selbst Allerweltsvögel wie Spatzen leiden inzwischen unter Wohnungsnot. Und der Tisch, den die Natur früher reichlich mit Nektar und Pollen für Bienen und Schmetterlinge gedeckt hat, bleibt immer öfter leer.

Warum sind so viele Wildtiere in Not?

Ein Grund ist der Klimawandel. Die Sommer werden immer heißer, die Winter immer milder. Das verändert den Lebensraum der Tiere. Vielen Tieren wird es bei uns zu warm. Wer kann, begibt sich auf Wanderschaft und zieht Richtung Norden. Wer nicht auswandern kann, muss um sein Überleben kämpfen.

GUT ZU WISSEN

Die bedrohten Tierarten werden in soge-nannten Roten Listen geführt. Diese Listen werden regelmäßig von Experten erstellt und veröffentlicht. Sie zeigen an, wie es unseren heimischen Wildtieren geht. Inzwischen gilt fast jede zweite heimische Tierart als gefährdet.

Den Pflanzen geht es wie den Tieren. Vor allem die Fichten und Kiefern, die wichtige CO_2-Speicher sind, leiden unter dem Klimawandel. Sie können jedoch ihre Wurzeln nicht aus der Erde ziehen und weglaufen. Häufig werden sie krank oder sterben.

Auch die Umweltverschmutzung macht die Natur krank. Wir verunreinigen Flüsse, Seen und Meere mit unseren Abwässern und bedecken die Erde mit giftigem Müll. Außerdem fällen wir Bäume in den Wäldern, bauen auf den Feldern immer die gleichen Pflanzen an und rücken den Insekten und Beikräutern mit Gift auf den Leib. Wir bauen immer mehr Straßen, immer größere Städte und rauben so den Pflanzen, Tieren und Insekten ihren Lebensraum. Selbst unsere Gärten und Balkone sind oft viel zu aufgeräumt und bieten den Tieren keine Schlupfwinkel. Viele Zierblumen in den Gärten sehen zwar schön aus, sind aber als Bienenfutter völlig ungeeignet. Ihre gefüllten Blüten haben keine Staubblätter und darum weder Pollen noch Nektar für die hungrigen Brummer.

PRAKTISCHE TIPPS FÜR WILDTIERFREUNDE

- Wildbienen brauchen von Frühling bis Herbst einen reich gedeckten Tisch. Pflanze Blumen mit viel Nektar und Pollen. Mit einer Blumenmischung für eine Bienenweide machst du garantiert alles richtig.

- Die Raupen der Schmetterlinge sind oft sehr wählerisch und fressen nur eine einzige Pflanzenart, zum Beispiel Brennnesseln, Disteln, Dill, Kohl oder Klee. Lass diese Pflanzen bei dir zu Hause wachsen.

- Viele Schmetterlinge sind Nachtschwärmer. Sie freuen sich über Pflanzen, die nachts ihre Blüten öffnen, zum Beispiel Nachtkerze, Geißblatt und Polster-Seifenkraut.

- Auch Tiere haben Durst. Biete ihnen im Sommer Wasser an. Lege kleine Steine in die Tränke, damit kein Tier ertrinken kann. Fülle die Tränke regelmäßig nach und mach sie sauber, damit sich keine Krankheiten verbreiten.

- Hänge Nistkästen für heimische Vögel auf. Viele Naturschutzgruppen geben auf ihren Internetseiten (siehe Seite 115) Empfehlungen, welche Kästen geeignet sind.

- Unterstütze die werdenden Vogeleltern beim Nestbau und biete ihnen kleine Zweige oder weiche Halme für den Nestbau an.

- Jedes Jahr sterben viele Vögel, weil sie gegen Glasscheiben fliegen. Häng Vorhänge auf oder klebe bunte Streifen im Abstand von 10 cm senkrecht von außen auf das Glas. Ihr könnt auch einfach die Fenster seltener putzen – nicht ganz so saubere Scheiben sind für Vögel sichtbarer.

- Stell ein Bienenhotel auf oder bastle es gleich selbst. Auf Seite 54 findest du eine Anleitung und praktische Tipps.

- Häng im Winter eine Futterstelle für die Vögel auf. Auf Seite 62 findest du eine einfache Bastelanleitung.

- Häufe im Herbst Reisig und Laub an einem geschützten Ort auf und lege ein Winterschutzvlies darüber. Vielleicht kommt ein Igel vorbei, der noch kein Winterquartier hat.

- Bring kleine Igel, die du im späten Herbst findest und die weniger als 600 g wiegen, in eine Igelstation. Dort werden sie gut durch den Winter gebracht (siehe Seite 119).

- Erschöpften Hummelköniginnen kannst du im Frühling mit einer Zuckerlösung helfen. Vermische Zucker und Fruchtzucker mit Wasser und biete es dem entkräfteten Tier zum Trinken an.

LUSTIGES BIENENHOTEL

FÜR MAJA UND IHRE FREUNDE

- Aststück, ø mindestens 8 cm, ca. 20 cm lang
- Holzkugel, ø mindestens 5 cm
- 2 Perlen in Dunkelbraun, ø 1,6 cm
- dünnes Blech, 0,15–0,5 mm stark, A4
- Aludraht in Silber, ø 2 mm, 2x 15 cm lang
- Rundholz, ø 3–5 mm, ca. 10 cm lang
- 2 Nägel
- Farbe in Gelb und Braun
- feiner Filzstift in Schwarz
- Buntstift in Rot
- Gelschreiber in Weiß
- Leinöl oder Leinölfirnis
- Holzleim
- Werkbank

- Flachpinsel, Größe 30
- Rundpinsel, Größe 8
- Wattestäbchen
- Schnitzmesser
- Bohrmaschine mit scharfen Holzbohrern, ø 2 mm sowie 3–6 mm
- Schleifpapier, 80er Körnung
- Schere
- Hammer

Vorlage Seite 118

1 Zuerst entrindest du das Aststück. Spanne es dazu in die Werkbank ein und löse die Rinde nach und nach rundherum mit dem Schnitzmesser ab. Anschließend schleifst du die Oberfläche mit dem Schleifpapier nach.

2 Verdünne die Farbe etwas mit Wasser, damit eine durchscheinende Farbe entsteht. Streiche das Aststück und die Holzkugel gelb. Trocknen lassen. Anschließend malst du die braunen Streifen auf. Die Kugel malst du zur Hälfte braun an, sodass vorn am Gesicht eine herzförmige gelbe Fläche bleibt. Noch einmal gut trocknen lassen.

TIPP

Verwende für das Bienenhotel unbedingt gut durchgetrocknetes Hartholz, z. B. von Eiche, Buche oder Obstbäumen. Achte darauf, dass das Holz keine Risse hat. Das Holz von Nadelbäumen ist zu weich und darum nicht geeignet!

Weiter geht's auf Seite 56 →

Bienen mögen keine Zugluft. Darum müssen die Bohrlöcher für die Gänge unbedingt auf der Rückseite verschlossen sein! Wenn du die Löcher zufällig anordnest, können sich die Bienen später übrigens besser orientieren und leichter den Eingang zu ihrer Kammer finden.

3 Bohre oben zwei Löcher mit 2 mm Durchmesser in die Kugel, wo du später die Fühler einstecken kannst. Unten bohrst du ein Loch für den Hals in die Kugel. Achte darauf, dass die Größe des Lochs zum Durchmesser deines Rundholzstabs passt.

4 Bohre die Gänge für die Wildbienen in den Ast. Hierbei gibt es Folgendes zu beachten: Die Gänge sollten einen Durchmesser von 3–6 mm haben und waagerecht verlaufen. Bohre die Gänge so tief wie möglich, achte aber darauf, dass sich die Löcher nicht kreuzen und dass du immer zur Mitte des Aststücks bohrst.

5 Bohre oben noch ein Loch für den Hals mittig in den Ast. Achte wieder darauf, dass die Größe des Lochs zum Durchmesser des Rundholzstabs passt.

6 Klopfe den Holzstaub aus den Löchern und schmirgle die Öffnung der Gänge mit Schleifpapier glatt. Das ist sehr wichtig. Die Bienen haben sonst Angst, ihre Flügel beim Reinkrabbeln an den rauen Kanten zu verletzen, und ziehen nicht in dein Hotel ein.

7 Klopfe noch einmal den Holzstaub aus den Löchern und reibe dann alles mit dem Leinöl oder mit der Leinölfirnis ein, um das Holz vor Witterung zu schützen.

8 Übertrage die Vorlage für die Flügel auf das Blech und schneide sie aus. Glätte die Schnittkante bei Bedarf etwas mit dem Schleifpapier. Dann bringst du die Flügel mit den Nägeln auf der Rückseite der Biene an.

9 Gestalte nun das Gesicht der Biene. Tupfe dafür mit dem Wattestäbchen zwei braune Augen auf und setze nach dem Trocknen der Farbe mit dem Gelstift zwei weiße Lichtpunkte. Für den Mund ziehst du mit dem Filzstift eine feine Linie. Die Backen malst du mit dem Buntstift rot.

10 Bestreiche den Rundholzstab an einem Ende mit Holzleim und steck ihn unten in das Bohrloch am Kopf. Stecke den Rundholzstab dann probehalber in den Stamm und prüfe, ob er die richtige Länge hat. Ansonsten kürzt du ihn etwas und klebst ihn dann mit Holzleim in den Stamm.

11 Stecke die Drähte als Fühler ein. Fädle jeweils eine Perle auf und drehe den Draht ein, sodass die Perlen am oberen Ende der Fühler festgehalten werden. Jetzt musst du nur noch einen sonnigen und geschützten Platz für deine Biene finden!

HOTEL IM FLIEGENPILZ

Hier hat sich das Bienenhotel unter einem schützenden Dach versteckt, das den Regen abhält. Bohre ein Loch in eine alte Schüssel, lege einen Dichtungsring unter und schraube die Schüssel als Pilzhut oben in den Stamm. Mit roter Farbe bemalen, trocknen lassen und anschließend weiße Punkte darauf tupfen. Fertig ist das Bienenglück!

TIPPS FÜR BIENENHOTEL—BESITZER

- Wenn sich Vögel an deinem Hotel zu schaffen machen, musst du es mit einem Gitter schützen. Der Abstand zwischen Gitter und Hotel muss groß genug sein, dass die Vögel nicht mehr an das Holz herankommen.

- Reinige einmal im Jahr die Zimmer, damit sich die nächsten Gäste darin wohlfühlen. Fege dazu im Winter die Gänge, die einen geöffneten Nestverschluss haben, mit einem spitzen Gegenstand aus.

- Sorge dafür, dass deine Wildbienen rings um das Bienenhotel herum ein großes Futterangebot haben.

BEES-INN

WILDBIENEN SUCHEN EIN ZUHAUSE

Sie sind winzig klein, leisten aber Riesengroßes: Wildbienen sind wichtige Bestäuber von Obstbäumen und Pflanzen. Ohne sie und andere Insekten wie Honigbienen, Fliegen, Käfer und Schmetterlinge wären die Blumenwiesen nicht mehr so bunt, im Sommer gäbe es keinen Erdbeerkuchen und im Herbst keine Äpfel mehr. Etwa 80 Prozent unserer Blütenpflanzen sind darauf angewiesen, von Insekten bestäubt zu werden. Weit weniger Pflanzen lassen sich vom Wind bestäuben, zum Beispiel Weizen oder Gras.

Wildbienen sind in Deutschland aber stark bedroht. Etwa die Hälfte aller Arten stehen auf der Roten Liste gefährdeter Tierarten. Aber: Du kannst Wildbienen und anderen Bestäubern helfen!

MACH MIT UND GRÜNDE MIT DER NAJU DIE DEUTSCHLANDWEIT GRÖSSTE HOTELKETTE FÜR WILDBIENEN!

Baue Hotels für Wildbienen und pflanze einheimische Kräuter, Wildblumen, Stauden, Sträucher und Bäume im Garten, im Schul- oder Kitagarten, auf Verkehrsinseln und Brachflächen.

Tipps und Tricks, auf was du bei dem Bau von deinem Hotel achten musst, kannst du in unserer Broschüre nachlesen. www.NAJUversum.de/bees-inn

INTERVIEW MIT EINER HOTELBESUCHERIN

SIE SIND BEGEISTERT, DASS HIER EIN HOTEL GEBAUT WIRD. WARUM?

Es ist für uns Wildbienen heutzutage schwer geworden, einen guten Nistplatz zu finden. Ich als Löcherbiene zimmere mein Nest zum Beispiel in Totholz. Oft werden aber alte, morsche Bäume gefällt und das Totholz, das im Garten herumliegt, weggeschmissen. Baut ihr Menschen ein vernünftiges Insektenhotel, dann ziehe ich auch dort gerne ein.

WIE LANGE WERDEN SIE IM HOTEL VERWEILEN?

Biene lacht: Na ja, ich lebe ja nur rund sechs, wenn ich Glück habe acht Wochen. In der Zeit werde ich im Hotel meine Eier legen und mich über den leckeren Nektar im Park hermachen.

WERDEN SIE DIE PARKANLAGE DES HOTELS NUTZEN?

Ja klar! Denn uns fehlen nicht nur Nistplätze, sondern auch Futterpflanzen. Ich bin Vegetarierin und fresse Pollen und Nektar – allerdings nur von bestimmten Pflanzen wie der Kamille oder der Distel. Und die habe ich schon in der angelegten Parkanlage entdeckt.

PFLEGE DEINES WILDBIENEN-HOTELS

In einem Hotel müssen regelmäßig die Zimmer sauber gemacht werden, sonst würden ziemlich bald keine Gäste mehr kommen. Auch ein Insektenhotel muss gepflegt werden, allerdings nicht jeden Tag. Es reicht, wenn du einmal im Jahr das Hotel näher unter die Lupe nimmst.

1 Wenn du beobachtest, dass Vögel wie Meisen anfangen die Nisthilfen aufzupicken oder aus dem Hotel zu ziehen, dann solltest du die Nistwand mit einem Gitter abdecken. Achte darauf, dass das Gitter genug Abstand zur Nisthilfe hat, sonst picken die Vögel einfach durch das Gitter hindurch.

2 Kontrolliere deine Nisthilfe: Sind die Nestabschlüsse zerbrochen oder nicht vollständig verschlossen, dann sortiere das Hotel aus und lagere es für ein Jahr an einem trocknen, schattigen Ort. Sind noch Bienen in den Gängen, so haben sie genug Zeit, herauszukrabbeln.

3 Guck dir im Winter die Nestverschlüsse deines Hotels an: Sind die meisten kaputt? Dann säubere die Löcher mit einem spitzen Gegenstand. Ist das Holz weich geworden? Dann solltest du den Ast einfach wegschmeißen und durch einen neuen ersetzen.

TIPP

Markiere die Nestverschlüsse farbig, dann kannst du im nächsten Jahr feststellen, welche Bienen erfolgreich geschlüpft sind!

CHALLENGE 6
Zeigt her eure Blüten!

Fotografiert in einer Stunde so viele verschiedene Blumen mit einem Smartphone oder einer Kamera, wie ihr findet. Wer entdeckt die meisten Blumen?

UND? WIE LÄUFT DER HOTELBETRIEB SO?

Dein Hotel steht an einem sonnigen, windgeschützten Ort, aber du bist dir nicht sicher, ob schon Wildbienen eingezogen sind?

Du kannst ganz einfach erkennen, ob du Gäste hast, indem du dir die Öffnungen der Nisthilfe anguckst. Sind diese von außen mit Lehm, Harz, kleinen Steinchen oder Blättern verschlossen, dann wird das Nest bereits genutzt. Zähl doch mal, wie viele Nester bereits verschlossen sind, und guck dir die Nestverschlüsse ganz genau an. Die können dir nämlich verraten, welche Art hier nistet.

- Mauerbienen verschließen ihr Nest mit Lehm.

- Blattschneiderbienen verschließen ihr Nest mit rundlichen Blattstückchen.

- Grabwespen verschließen ihren Nesteingang mit einem gelblich-weißen Harztröpfchen.

- Maskenbienen verschließen ihr Nest mit einem dünnen seidigen Häutchen.

- Löcherbienen verschließen ihr Nest mit Harz, dem sie Sandkörnchen, kleine Holzspäne oder winzige Steinchen zusetzen.

SCHMAROTZER UND PARASITEN IN DEINEM HOTEL

In jedem Hotel gibt es auch Gäste, die eigentlich nicht so gerne gesehen sind:

- An deinem Hotel treibt sich ein blaugrün schimmerndes Insekt herum?! Das ist die Goldwespe. Sie wartet auf den richtigen Moment, um ihr Ei ungesehen in die Zelle der Mauerbiene zu schmuggeln.

- Auch vor dem Ölkäfer muss sich die Wildbiene in Acht nehmen: Die Larven des Käfers lauern Bienen auf Blüten auf. Dann klammern sie sich an den Beinen der Biene fest und lassen sich in ihr Nest tragen. Dort verputzen sie die Larve der Biene und ihren Pollenvorrat.

- Der Dunkle Trauerschweber, eine Fliegenart, schleudert seine Eier im Flug in die offenen Nistgänge der Wildbienen.

- Aber auch einige Wildbienenarten leben brutparasitisch: Sie schleichen sich in ein fremdes Wildbienennest und legen ihr Ei auf den Pollen, bevor die Wildbiene ihr Nest verschließt. Die sogenannte Kuckuckslarve frisst den Pollenvorrat auf, die Wirtslarve verhungert. Diese Wildbienen nennt man Kuckucksbienen.

VOGELFUTTER–HAUS

LECKERER SCHMAUS FÜR PIEPMÄTZE

DU BRAUCHST

- 2 leere Getränkekartons, je 75 ml Inhalt
- 2 Äste, ca. 20 cm lang
- Farbe
- Kugelschreiber
- Klebstoff, z. B. Heißkleber
- Schnur
- Pinsel
- Lineal
- Schere
- Bastelmesser

CHALLENGE 7
Vogelfrühstück

Beobachte dein Vogel-
futter-Haus eine halbe
Stunde lang – am besten
am Morgen. Wie viele
Vögel kommen zu Besuch?
Wie viele verschiedene
Arten sind es?

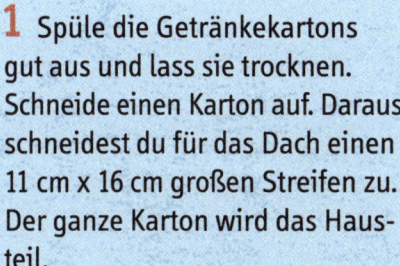

1 Spüle die Getränkekartons gut aus und lass sie trocknen. Schneide einen Karton auf. Daraus schneidest du für das Dach einen 11 cm x 16 cm großen Streifen zu. Der ganze Karton wird das Haus-teil.

2 Bemale das Haus und das Dach. Du kannst dich dabei am Foto orientieren. Die Farbe gut trocknen lassen.

3 Zeichne an dem Hausteil an allen vier Kanten 2 cm vom Boden nach oben eine Markierung ein. Dort schneidest du den Getränke-karton jeweils nach rechts und links 2 cm weit ein. Danach drückst du die Kanten oberhalb des Ein-schnitts nach innen und formst sie gleichmäßig aus.

4 Stich nun mit der Schere mittig in alle vier Seiten unten ein Loch, damit du die Äste durchstecken kannst. Achte darauf, dass die Lö-cher auf den gegenüberliegenden Seiten immer gleich hoch sind und dass die beiden Äste in der Höhe leicht versetzt sein müssen! Die Äste durch die Löcher schieben.

5 Falte nun das Dach und lege es oben auf den Getränkekarton. Mar-kiere die Position des Ausgusses und schneide an dieser Stelle ein Loch in das Dach. Klebe das Dach auf das Haus.

6 Stich zwei Löcher in das Dach. Fädle ein Stück Schnur durch und verknote es, damit du das Futter-haus aufhängen kannst. Schon kannst du den Deckel abschrauben und das Futter einfüllen!

TIPPS FÜR VOGELFREUNDE

- Fülle das Futter regelmäßig nach, damit die Vögel immer etwas zum Fressen finden.

- Achte darauf, dass das Futter nicht nass ist. Es könnte sonst schimmeln oder im Winter bei Minusgraden gefrieren.

- Das Futterhaus sollte 1,50 m über dem Boden hängen und den Vögeln eine freie Sicht bieten. So haben Katzen und andere Räuber keine Chance. Ein Busch in der Nähe bietet zusätzlichen Schutz.

- Achte darauf, dass du Vogel-futter verwendest, das keine Ambrosia-Samen enthält. Viele Menschen reagieren allergisch auf den Pollen dieser Pflanze, die durch das Vogelfutter ver-breitet wird.

APOLLO 19 STARTET – GEMEINSAM MIT DIR!

Apollo 19

Kaisermantel, Brauner Waldvogel und Fetthennen-Bläuling. Rate mal, welche Tiere sich hinter diesen lustigen Namen verstecken. Nein, es sind natürlich keine fetten Hennen. Es sind alles Schmetterlinge.

Über 3.700 verschiedene Schmetterlingsarten leben in Deutschland, rund 190 davon sind Tagfalter. Sie flattern in ganz verschiedenen Lebensräumen umher. Einige kommen nur an ganz bestimmten Orten vor: So lebt der Fetthennen-Bläuling nur in Flusslandschaften, andere Arten findest du sogar an Blumen auf dem Balkon im sechsten Stock in Berlin.

Leider sind viele Schmetterlinge vom Aussterben bedroht. Das liegt auch daran, dass sie im Garten oder im Park nicht mehr die richtigen Futterpflanzen finden.

Das wollen wir ändern und zwar mit deiner Hilfe! Wir wollen in ganz Deutschland Schmetterlingsgärten anlegen, also Gärten, in denen Nektarpflanzen für Schmetterlinge, aber auch Fraßpflanzen für Raupen wachsen. Ein Schmetterlingsgarten kann auch in einem Balkonkasten oder in einer Ecke in eurem Schulgarten angelegt werden.

Weitere Tipps und Tricks, wie du Schmetterlingen helfen kannst, gibt es auf www.NAJUversum.de/apollo19

EINSTEIGERWISSEN FÜR SCHMETTERLINGSFORSCHER*INNEN

Hat ein Schmetterling ein Herz? Und wozu braucht er sechs Beine?
Hier erfährst du es!

Die Augen setzen sich aus rund 6.000 winzigen Einzelaugen zusammen. Sie heißen Facettenaugen. Ein Schmetterling kann nur 3–5 m weit scharf sehen.

Die Flügel sind sehr zart, stabil werden sie durch die feinen Adern. Sie sind meist dicht mit farbigen Schuppen bedeckt. Der einzelne Flügel besteht aus einem Vorder- und Hinterflügel.

Mit den Fühlern riecht der Schmetterling. Manche Arten tasten und schmecken auch mit ihnen und können damit die Temperatur erfühlen.

Im Hinterleib liegen Herz, Darm, Nerven, Fortpflanzungs- und Ausscheidungsorgane sowie die Atemwege, also die wichtigsten Körperteile.

Mit ihrem Saugrüssel trinken Schmetterlinge wie mit einem Strohhalm Blütennektar oder Wasser. Sind sie fertig, rollen sie den Rüssel unter ihrem Kopf zusammen.

Die sechs Beine benutzt der Falter vor allem, um zu landen und sich festzuklammern.

Bei einigen Tagfaltern sind die Vorderbeine zu Putzerpfoten umgebildet. Mit ihnen säubert der Schmetterling vor allem seine Antennen.

INTERVIEW MIT EINER RAUPE

Was wirst du denn später für ein Schmetterling?

Ich werde ein Kleiner Fuchs. Mich findest du eigentlich überall, denn ich bin als Falter nicht wählerisch und trinke den Nektar von vielen Blüten.

Und wie findest du diese Pflanzen, wenn du dich aus deiner Eihülle genagt hast?

Die muss ich nicht finden, meine Mutter legt klugerweise alle ihre Eier direkt an der Brennnessel ab. So kann ich direkt anfangen zu fressen.

Und was frisst du jetzt als Raupe?

Eigentlich nur die Blätter der Großen Brennnessel, selten auch mal die Blätter der Kleinen Brennnessel oder Hopfen.

Warum sind immer so viele von euch Raupen auf derselben Pflanze?

Wir schützen uns so vor Fressfeinden wie Vögeln, Spinnen oder dem Igel. Solange wir noch klein sind, sitzen wir eng beieinander, denn so sehen wir viel größer aus. Später kriechen wir auch alleine auf dem Blatt herum. Dann schütze ich mich mit meinen Dornen und meinem doppelten gelben Rücken- und Seitenstreifen, der Fressfeinden zu verstehen geben soll:
Ich schmecke ekelhaft!!

Du frisst ja ein Blatt nach dem anderen kahl. Dabei spinnst du feine, weiße Fäden, das Gespinst. Warum machst du das?

Tja, das ist mein großes Geheimnis oder findest du es heraus?

ENDSTATION LAMPE

Unser Planet leuchtet nachts. Das zeigen Satellitenaufnahmen von der Erde bei Nacht. Straßenlaternen, Lampen, Strahler oder Leuchtreklame machen die Nacht zum Tag, Sterne sieht man beim Blick in den Himmel nur noch selten, viel zu hell ist er durch all unser Licht.

Lichtverschmutzung nennt man das. Das ist auch ein Problem für Nachtfalter. Sie orientieren sich beim Fliegen nach dem Mond. Sie fliegen stets in einem bestimmten Winkel zum Licht, so dass sie auf einem geraden Weg durch die Umgebung flattern. Jede Lampe halten sie für den Mond, fliegen in einem bestimmten Winkel zu ihr und umkreisen sie. Immer und immer wieder, bis sie irgendwann so erschöpft sind, dass sie gegen die Lampe fliegen und meist sterben.

CHALLENGE 8
Lampenzähler

Geh doch mal raus, wenn es dunkel ist, und zähle die Lampen in der Umgebung deines Hauses. Ist das Licht unbedingt notwendig? Wie könnte man das Licht dämpfen? Entdeckst du Falter an den Lampen? Zähle auch in deiner Nachbarschaft die Lichtquellen und zeichne sie in einen Stadtplan ein. Ich habe gezählt:

GARTENLEUCHTEN:

LEUCHTREKLAME:

STRASSENLATERNEN:

WILDBLUMEN–KONFETTI

LÄSST BLUMENWIESEN WACHSEN

DU BRAUCHST

- Papierbrei und Zubehör zum Papierschöpfen (siehe Anleitung auf Seite 16)
- Samenmischung für Wildblumen
- Klebstoff
- Packpapier
- Lineal
- Schere
- Motivstanzer Blume, ø 3,5 cm
- Bürolocher

1 Bereite wie in der Anleitung auf Seite 16 beschrieben alles zum Papierschöpfen vor. Streue eine Handvoll Samen in den Papierbrei, verrühre alles gut miteinander und schöpfe dann wie beschrieben das Papier. Trocknen lassen.

2 Schneide aus Packpapier 11 cm x 11 cm große Quadrate aus und falte sie zu kleinen Tüten. Dazu faltest du zuerst die gegenüberliegenden Kanten aufeinander und öffnest das Quadrat wieder.

3 Falte nun alle vier Kanten rundherum bis zu den Faltlinien aus Schritt 2 zur Mitte.

4 Zum Schließen der Tüte muss die letzte Kante unter der ersten eingesteckt werden. Ziehe dazu die Ecke zwischen den beiden Kanten heraus und schiebe sie dann zusammen mit der letzten Kante unter die erste Kante.

5 Stanze Blumen und kleine Kreise aus dem getrockneten Papier und fülle sie in die Tüte. Dann klebst du mittig eine weitere Papierblume auf und bringst einen kleinen Kreis darauf als Blütenmitte an.

TIPPS FÜR BLUMENFREUNDE

- Das Blumenkonfetti funktioniert wie ein Saatband. Einfach die Papierblumen in die Erde legen und feucht halten. Dann sprießen bald schon die ersten Pflänzchen.

- Die Blumensamen kannst du auch selbst auf Wiesen und am Wegesrand sammeln.

- Bastle viele kleine Tüten mit Wildblumen-Konfetti und verschenke sie, damit bald überall Bienen- und Schmetterlingswiesen wachsen.

- Mit einem kleinen Stand kannst du das Konfetti für einen guten Zweck verkaufen – zum Beispiel um auf dem Schulfest Geld für ein Bienenhotel zu sammeln.

DER KLIMAFREUNDLICHE BIO-GÄRTNER

Ob Garten, Balkon oder Fensterbank: Jeder kann zum Gärtner werden. Und wer nicht nur der Natur, sondern auch sich selbst etwas Gutes tun will, wird natürlich zum Bio-Gemüsegärtner.

Das richtige Saatgut

Die beste Wahl ist Bio-Saatgut. Es ist samenfest. Das heißt, dass du aus den Pflanzen hochwertiges Saatgut für das nächste Jahr gewinnen kannst. Bei herkömmlichem Saatgut geht das meistens nicht. Aus den Samen dieser gezüchteten „Einmalsorten" wachsen keine guten Pflanzen. Ein weiterer Vorteil von Bio-Saatgut ist seine Widerstandsfähigkeit. Die Pflanzen werden von Natur aus seltener krank und können Schädlingen sowie Wind und Wetter besser trotzen – und das ganz ohne Chemie. Das spart eine Menge CO_2, das bei der Herstellung von Kunstdünger und Pflanzenschutzmitteln freigesetzt wird.

Die richtige Erde

Bio-Pflanzerde enthält keinen klimaschädlichen Stickstoff als Dünger, sondern Kompost, Tiermehl, Steinmehl oder Mist. Und es wird streng darauf geachtet, dass in der Erde keine Schadstoffe wie zum Beispiel Schwermetalle drin sind. Viele Pflanzerden enthalten jedoch Torf. Um Torf zu gewinnen, müssen Moore trockengelegt und abgebaut werden. Moore sind aber der Lebensraum vieler einzigartiger Pflanzen und Tiere und speichern mehr CO_2 als Wälder. Als Klimaretter solltest du darum auf torfhaltige Erde verzichten.

Der richtige Platz

Wer einen Garten hat, kann ein Gemüsebeet oder ein Hochbeet anlegen und dort den Sommer über praktisch zum Selbstversorger werden. Aber auch auf einem sonnigen Balkon gedeihen Tomaten, Paprika, Auberginen, Bohnen, Salat, Möhren, Kartoffeln, Radieschen und allerlei Kräuter. Zum Beispiel im Mini-Hochbeet aus einer Holzkiste (Seite 72). Du hast nur eine Fensterbank? Auch dann kannst du zum Gärtner werden. Stell einfach einen Blumenkasten drauf. Darin ist genug Platz für duftende Kräuter, leckeren Kohlrabi, knackige Möhren oder frischen Pflücksalat.

**Selbst angebautes
Bio-Gemüse ist gut, weil ...**

... das Gemüse direkt bei dir zu Hause wächst. Es fallen keine klimaschädlichen Transportwege an.

... du immer nur so viel erntest, wie du gerade brauchst. Du musst also weniger wegwerfen.

... du neue Anbauflächen schaffst, ohne dass dafür z. B. Wälder gerodet werden müssen.

... die Blüten der Pflanzen gleichzeitig als Futter für Wildbienen dienen.

... der Bio-Anbau ohne Stickstoffdünger auskommt und darum besser fürs Klima ist.

... der Bio-Anbau auf Gift zur Bekämpfung von Schädlingen und Beikräutern verzichtet.

TIPP FÜR BIO-GÄRTNER

Das beste Mittel gegen Blattläuse kommt aus der Natur. Marienkäfer, Ohrwürmer und Florfliegenlarven sind wahre Blattlausvernichter. Halte nach ihnen Ausschau, wenn Schädlinge deine Pflanzen heimsuchen, und setze sie einfach auf die befallenen Blätter und Knospen.

MINI-HOCHBEET

GÄRTNERGLÜCK AUF KLEINSTEM RAUM

DU BRAUCHST

- Obst- oder Weinkiste, z. B. 40 cm x 30 cm x 25 cm
- Wachstischtuch oder feste Folie, z. B. 100 cm x 100 cm
- Bio-Pflanzerde oder Bio-Hochbeeterde
- Farbe
- umweltfreundlicher Klarlack für draußen
- Bleistift
- Kohlepapier
- Pinsel
- Hammer
- kleine Nägel
- Schere

Vorlagen Seite 116

1 Grundiere die Kiste zunächst mit Grün und Blau und lass die Farbe trocknen. Übertrage anschließend mit Kohlepapier mit Hilfe der Vorlagen die Tiermotive auf die Kiste und male sie bunt an. Gut trocknen lassen.

2 Trage eine schützende Schicht Klarlack auf die bemalten Teile auf. Den Lack gut trocknen lassen.

3 Lege die Kiste mit dem Wachstischtuch bzw. der Folie aus. Streiche die Einlage glatt und schlage überschüssiges Material an den Seiten ein.

4 Schlage den oberen Rand des Tuches bzw. der Folie um und nagle ihn mit den kleinen Nägeln innen am Rand der Kiste fest. Schlage die Nägel dazu leicht schräg ein, damit sie nicht außen aus dem Holz herausragen.

5 Stich mit der Schere am Boden einige Löcher in das Tuch bzw. die Folie, damit später überschüssiges Gießwasser ablaufen kann. Fülle die Erde ein und drücke sie etwas an. Fertig ist das Mini-Hochbeet.

TIPP

Du kannst auch zuerst 1 cm hoch feinen Kies in die Kiste füllen und dann erst die Erde hineingeben. Dann läuft das Wasser noch besser ab.

CHALLENGE 9
Knollenpower

Stecke eine Kartoffel mit grünen Trieben in die Erde deines Mini-Hochbeets und warte bis zum Herbst, wenn die Blätter der Kartoffelpflanze gelb werden. Wie viele Kartoffeln sind aus deiner ersten Kartoffel geworden?

TIERISCH GUTE BLUMENTÖPFE

AUS ALTEN GETRÄNKEKARTONS

- leerer Getränkekarton, 1 l Inhalt
- Bio-Pflanzerde
- Farbe
- feiner Filzstift in Schwarz
- Bleistift
- ggf. Kohlepapier
- Pinsel
- Schere

Vorlage Seite 122 – 123

CHALLENGE 10
Blumen-Rallye

Jeder sät drei Sonnenblumensamen in seinem Blumentopf. Welche Sonnenblume blüht zuerst?

1 Schneide das obere Ende des Getränkekartons ab und spüle den Karton sauber aus. Alles gut trocknen lassen.

2 Übertrage die Tiergesichter mit Hilfe der Vorlage auf den Karton. Schneide anschließend den oberen Teil des Kartons entlang der Linie in der Vorlage ab. Die seitlichen Kanten faltest du oben etwas nach innen.

3 Male nun die Gesichter auf. Du kannst sie frei von Hand aufmalen oder du überträgst die Linien mit Kohlepapier und malst die Gesichter dann einfach aus. Trocknen lassen.

4 Zum Schluss stichst du ein Loch in den Boden des Blumentopfs, damit überschüssiges Gießwasser später ablaufen kann. Dann füllst du die Pflanzerde ein. Fertig!

TIPP FÜR BIO-GÄRTNER

In diesen kleinen Töpfen ist genug Platz für Kräuter, Wildblumen und andere grüne CO_2-Vernichter. Tu was fürs Klima. Lama und Faultier helfen dir dabei.

UNSICHTBARER KLIMAHELD

Er lebt unter der Erde, kriecht unermüdlich durch dunkle Gänge und verrichtet im Geheimen seine Arbeit. Die Rede ist von einem wahren Superhelden: dem Kompostwurm. Beim Aufräumen, Verwerten und Recyceln macht ihm keiner so schnell etwas vor.

Steckbrief

Der Kompostwurm (lateinisch Eisenia fetida) gehört zur Familie der Regenwürmer. Er ist rot mit gelblichen Ringen, etwa 10 cm lang und ernährt sich am liebsten von unseren Küchenabfällen, die er in fruchtbare Erde (Humus) verwandelt. Und er hat einen ordentlichen Appetit: An einem Tag kann der Kompostwurm rund die Hälfte seines eigenen Körpergewichts fressen. Am wohlsten fühlt er sich bei 20–25 °C in lockerer, feuchter Erde.

WURMPOWER FÜRS KLIMA

Der Humus der Kompostwürmer enthält eine Menge Nährstoffe, die von den Pflanzen sehr gut aufgenommen werden können. Wurmhumus ist also ein erstklassiger Bio-Dünger. Und mehr noch: Pflanzen nehmen beim Wachsen CO_2 auf. Wenn der Kompostwurm sie frisst, wird dieses CO_2 nicht wieder in die Atmosphäre freigesetzt, sondern dauerhaft im Humus gebunden. Darum ist der Kompostwurm ein Superwurm und ein erstklassiger Klimaretter!

DIE WURMKISTE

Du kannst die Superkräfte des Kompostwurms für dich nutzen und eine Wurmkiste bauen (siehe Seite 78).

So funktioniert's

1 Richte den Würmern zuerst ein gemütliches Bett und gib in die untere der beiden tiefen Eurokisten eingeweichtes Zeitungspapier, zerkleinerten Karton oder gehäckseltes Laub. Darauf kommen eine etwa 5 cm dicke, lockere Schicht Komposterde und schließlich die Würmer. 500 Stück sind für den Anfang eine gute Menge. Zum Schluss deckst du die Würmer mit einem Stück Sackleinen oder mit feuchtem Zeitungspapier zu und lässt sie eine Woche in Ruhe, damit sie sich eingewöhnen.

GUT ZU WISSEN

Gib nicht zu viel Futter in die Kiste.
1 kg Würmer fressen am Tag ca. 500 g organisches Material. Was übrig bleibt, fängt an zu gären und zieht Fruchtfliegen an. Es entstehen üble Gerüche und klimaschädliche Gase. Eine gut geführte Wurmfarm erkennst du daran, dass sie immer nach frischer Erde duftet.

DAS RICHTIGE WURMFUTTER

Das darf hinein: rohe und gekochte Essensreste wie Reis oder Nudeln, Reste von Obst und Gemüse, Pflanzenabfälle aus dem Garten, Kaffeesatz und Kaffeefilter, Teebeutel, Papier- und Kartonschnipsel, Bananenschalen. Wichtig ist, dass du alles in kleine Stücke schneidest.

Das bleibt besser draußen: Milch- und Fleischprodukte aller Art, Knochen, fettige Speisen, Brot, Eierschalen, Zitrusfrüchte, Zwiebel, Knoblauch, rohe Kartoffelschalen.

2 Nimm die Decke ab, gib eine kleine Menge Wurmfutter (siehe Kasten rechts) in die Kiste und arbeite es leicht in die Erde ein. Achte außerdem darauf, dass es in der Kiste schön feucht ist. Danach kommt wieder die Decke drauf. Wenn deine Würmer zu fressen anfangen, kannst du sie nun jeden Tag füttern.

3 In der Schublade ganz unten sammelt sich allmählich der sogenannte Wurmtee. Er entsteht bei der Zersetzung des Biomülls und ist ein wertvoller Pflanzendünger. Du kannst ihn einfach mit Wasser verdünnen und zum Gießen verwenden. Das ist super Kraftfutter für deine Pflanzen!

4 Wenn die untere Kiste bis oben mit Wurmhumus voll ist, entfernst du die Decke und stellst die zweite Kiste drauf. Gib etwas Wurmfutter in die obere Kiste und leg die Decke darüber. Danach machst du einfach wie gewohnt weiter.

5 Wenn die obere Kiste etwa halbvoll mit Wurmhumus ist, sind die meisten Kompostwürmer vermutlich in die obere Kiste umgezogen und du kannst den Wurmhumus in der unteren Kiste ernten. Die obere Kiste wird jetzt einfach zur unteren Kiste und alles geht weiter wie zuvor.

WURMKISTE

EIN PARADIES FÜR KLIMA-SUPERHELDEN

- 3 Eurokisten, 40 cm x 30 cm, 2x 22 cm hoch, 1x 12 cm hoch
- 6 Leimholzplatten, 18 mm stark, 60 cm x 40 cm
- 2 Holzleisten, ca. 1 cm x 1 cm, je 28 cm lang
- Wachsmalstift in Transparent
- Bleistift
- Holzbeize (siehe Seite 11)
- Leinöl(firnis)
- breiter Pinsel
- altes Tuch
- Senkkopfschrauben, ca. 30 x 3,5 mm x 35 mm und 6 x 3 mm x 25 mm
- Stichsäge
- Akkuschrauber
- Holzbohrer, ø 2,5 mm, 3,2 mm und 8 mm

Vorlage Seite 119

1 Zuerst müssen die Leimholzplatten wie auf Seite 119 angegeben mit der Stichsäge zugesägt werden. Lass dir dabei von einem Erwachsenen helfen. Dann schraubst du gemäß Markierung die 1 cm x 1 cm x 28 cm großen Holzleisten mit den kurzen Schrauben auf die Seitenteile.

Hinweis: Bohre immer ein Loch vor, bevor du eine Schraube eindrehst, damit das Holz nicht reißt.

2 Jetzt wird die Kiste zusammengebaut. Zuerst schraubst du die Rückseite zwischen die Seitenteile, dann setzt du den Boden und die Vorderseite ein. Alle Teile sind oben bündig. Vorn bleibt unten eine Öffnung. Die zugesägten Leisten schraubst du unten an den Deckel, jeweils 2 cm von den Schmalseiten entfernt.

3 Beschrifte die Wurmkiste mit dem Wachsmalstift und streiche sie dann mit der Holzbeize. Nach dem Trocknen mit dem alten Tuch über die Oberfläche reiben, sodass die Schrift zum Vorschein kommt. Dann alles mit Leinöl(firnis) versiegeln.

4 Schiebe die flache Eurokiste unten als Wurmtee-Schublade hinein. Bohre einige große Löcher in den Boden der tiefen Eurokisten (wenn du Kisten ohne Löcher hast) und stelle sie dann übereinander (ø 8 mm) in die Holzkiste. Deckel drauf und fertig! Wie du die Wurmkiste verwendest, erfährst du auf Seite 76/77.

- Stell die Wurmkiste im Sommer an ein schattiges Plätzchen. Im Winter stellst du sie an einen frostfreien Ort – zum Beispiel in den Keller oder ins Treppenhaus.

- Keine Angst: Kein Wurm wird freiwillig deine Kiste verlassen – es sei denn, in der Kiste stimmt etwas nicht.

ANZUCHTTÖPFE

FÜR GEMÜSE & CO.

DU BRAUCHST

- leerer Eierkarton
- leere Eierschalen
- Klopapierrollen
- Anzuchterde
- Schere

1 Spüle die Eierschalen mit Wasser aus. Fülle sie bis kurz unter den Rand mit Anzuchterde und stelle sie in den Eierkarton.

2 Die Klopapierrollen schneidest du unten viermal im selben Abstand ein. Falte die vier Teile zur Mitte und stecke sie im Kreis herum untereinander ein, sodass ein Boden entsteht. Dann kannst du die Töpfchen bis kurz unter den Rand mit Anzuchterde füllen.

3 Gib die Samen der Pflanzen in die Erde und gieße sie an. Die Klopapierrollen stellst du am besten auf einen Untersetzer, damit das Gießwasser aufgefangen wird.

GUT ZU WISSEN

Quelltabletten aus dem Gartenhandel für die Anzucht von Pflanzen solltest du nicht verwenden. Sie werden zwar oft als klimafreundlicher Ersatz für Torf gelobt, bestehen allerdings häufig aus Kokosfaser. Die muss von Asien bis zu uns transportiert werden, was ziemlich schlecht fürs Klima ist.

TIPPS FÜR PFLANZENZÜCHTER

• Verwende unbedingt Anzuchterde, um deine Pflanzen vorzuziehen. Sie hat weniger Nährstoffe als normale Pflanzerde. Dadurch bilden die Pflänzchen mehr Wurzeln und gedeihen später besser.

• Stelle die Anzuchttöpfe an einen hellen Ort und halte die Erde immer feucht.

• Sobald die Keimlinge etwas größer sind, stellst du sie an einen kühleren Ort. Dadurch wachsen sie etwas langsamer in die Höhe und werden dafür kräftiger.

• Wenn die Keimlinge die ersten richtigen Blätter gebildet haben, kannst du sie in größere Töpfe umtopfen oder direkt in den Garten pflanzen.

GREEN HOME

UND TÄGLICH GRÜSST DER KLIMAWANDEL

Mit jedem Liter Luft atmen wir Menschen durchschnittlich 80 mg CO_2 aus. Daran können wir nichts ändern. An dem CO_2, das wir durch unsere Lebensweise verursachen, schon.

Klimakiller Strom

Für die Erzeugung des Stroms, der aus der Steckdose kommt, werden allein in Deutschland pro Jahr rund 270 Millionen Tonnen CO_2 freigesetzt. Das ist eine so gewaltige Menge, die man sie sich nicht vorstellen kann. Mit Ökostrom aus erneuerbaren Energiequellen wie Wind- und Wasserkraft, Biomasse oder Sonnenenergie kann jeder einen Betrag leisten, dass der Strom sauberer wird.

Klimakiller Essen

Viele Lebensmittel haben eine schlechte Klimabilanz. Das bedeutet, dass bei ihrer Herstellung viel klimaschädliche Treibhausgase freigesetzt werden. Am meisten belastet die Butter das Klima. Butter wird aus Milch hergestellt – und zwar aus sehr viel Milch. Es müssen also entsprechend viele Milchkühe gehalten werden, die alle ordentlich futtern müssen. Der Anbau des Futters verursacht CO_2. Und die Kühe selbst stoßen jede Menge Methan aus, ein Treibhausgas, das noch viel schädlicher ist als CO_2. Klimafreundlicher ist es, anstatt Butter Pflanzenmargarine zu verwenden. Aber auch andere Nahrungsmittel wie Fleisch und Käse schaden dem Klima.

Klimakiller Palmöl

Was haben Schokolade, fertige Tomatensoße und Creme gemeinsam? In allen kann sich Palmöl verstecken! Und weil inzwischen weltweit so viel Palmöl benötigt wird, werden in Indonesien die Regenwälder abgeholzt, um noch mehr Palmölplantagen anzulegen. Die Zerstörung der Regenwälder ist schädlich für unser Klima und raubt vielen Tieren ihr Zuhause. Selbst gemachte Kosmetikprodukte und aus frischen Zutaten selbst gekochtes Essen können dabei helfen, Palmöl zu vermeiden.

Klimakiller Verschwendung

Pro Kopf landen in Deutschland etwa 80 kg Lebensmittel jedes Jahr im Müll. Das ist eine ziemliche Verschwendung – und außerdem schlecht fürs Klima. Lebensmittelretter sammeln Lebensmittel die nicht gebraucht werden, ein und verschenken oder verkaufen sie.

Klimakiller Online-Handel

Im Internet einkaufen und sich die Sachen per Post nach Hause schicken lassen, muss für das Klima nicht schädlich sein. Aber jedes sechste Paket, wird wieder zurückgeschickt. Diese Retouren verursachen jede Menge CO_2. Wer das Klima schonen will, geht darum besser in den Laden zum Einkaufen.

Klimakiller Kleidung

Bis ein T-Shirt bei uns im Laden landet, ist es schon einmal um die ganze Welt gereist. Denn Baumwolle wird größtenteils in Indien, China, Afrika und den USA angebaut. Seine schlechte Klimabilanz verdankt das T-Shirt aber vor allem den Mengen an Rohstoffen wie Wasser und den giftigen Chemikalien, die zu seiner Herstellung gebraucht werden. Leider landen heute viele Kleidungsstücke schon kurz nach dem Kauf im Müll und werden durch neue ersetzt. Du kannst etwas dagegen tun, indem du deine Sachen länger trägst und nachhaltig hergestellte Kleidung ohne Kunstfaser kaufst.

UMWELTFREUNDLICHE SPÜLTÜCHER

AUS ALTER KLEIDUNG SELBST GEMACHT

DU BRAUCHST

- alte Socken, Strumpfhose, Leggings oder Pullover aus Baumwolle
- Holzbrett, 20 mm stark, ca. 20 cm x 20 cm
- 28 Nägel
- Schere
- Hammer

Vorlage Seite 120

1 Schneide die Socken in etwa 2 cm breite Streifen, sodass du insgesamt 14 Ringe hast. Alternativ kannst du auch das Bein einer alten Strumpfhose oder alter Leggings oder den Ärmel eines alten Pullovers in Ringe schneiden.

2 Schlage die Nägel gemäß Vorlage in das Brett, sodass sie ein Quadrat oder eine Herzform bilden (Vorlage auf Seite 120).

3 Spanne die ersten 7 Ringe senkrecht jeweils um zwei gegenüberliegende Nägel. Dann kommen die nächsten 7 Ringe waagerecht an die Reihe. Hänge sie nacheinander auf einer Seite jeweils um einen Nagel und webe sie dann im Wechsel unter und über die senkrechten Ringe. Beginne die Reihen dabei immer abwechselnd drunter oder drüber, sodass ein Webmuster entsteht.

4 Nun wird abgekettet. Beginne an einer Ecke und hebe die erste Schlaufe vom Nagel. Halte die Schlaufe fest und hebe die Schlaufe daneben ebenfalls vom Nagel. Die zweite Schlaufe durch die erste ziehen und festhalten. Dann wieder die Schlaufe daneben vom Nagel heben, durch die vorherige ziehen und festhalten. So fährst du fort, bis du einmal rundherum wieder beim Anfang angekommen bist. Die letzte Schlaufe ein zweites Mal durch die vorherige ziehen, fertig ist das Spültuch.

TIPP

Das Herz ist etwas schwieriger als das Quadrat. Die Vorlage zeigt dir aber, wie du die Rundungen beim Abketteln arbeitest.

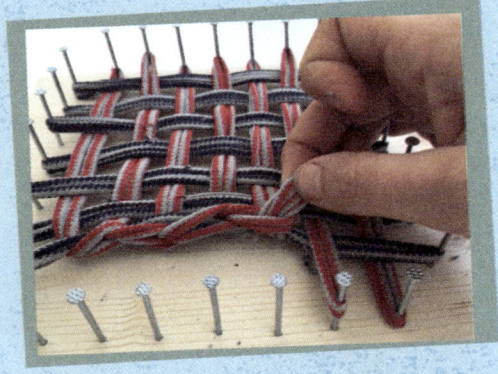

TIPP FÜR KLIMARETTER

Viele verwenden Mikrofasertücher zum Spülen oder Saubermachen in der Küche. Diese sparen zwar Spülmittel, belasten aber die Umwelt, weil sie viel Mikroplastik abgeben, nicht recycelt werden können und nicht verrotten.

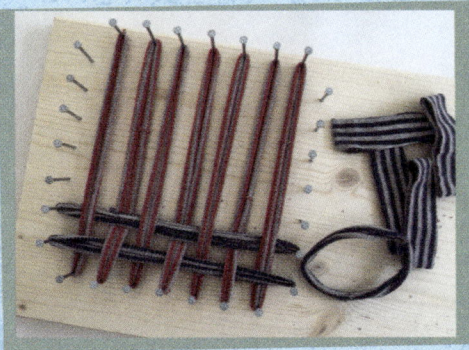

ORANGEN–REINIGER

KÜCHENABFÄLLE WIEDERVERWERTEN STATT WEGWERFEN

- Schalen von ausgepressten Orangen
- weißer Essig (keine Essigessenz)
- 1 TL flüssige Seife, z. B. Spülmittel oder Schmierseife
- großes Einmachglas mit Deckel
- leere Sprühflasche
- Küchenmesser und Schneidebrett
- kleines Sieb

1 Schneide die Orangenschalen in Stücke und schichte sie anschließend in das Einmachglas, bis es fast bis zum Rand voll ist.

2 Gieße das Glas mit Essig auf, bis die Schalen vollständig bedeckt sind. Dann verschließt du das Glas mit dem Deckel und lässt die Orangenschalen 2–3 Wochen ziehen. Prüfe regelmäßig, ob die Orangenschalen komplett mit Essig bedeckt sind, und fülle bei Bedarf etwas Essig nach.

3 Wenn sich der Essig dunkel verfärbt und einen angenehmen Orangenduft hat, kannst du den Orangenreiniger durch ein Sieb in die Sprühflasche umfüllen.

4 Zuletzt 1 TL Flüssigseife zugeben und die Sprühflasche schütteln, damit sich alles miteinander vermischt. Schon ist der Orangenreiniger einsatzbereit!

TIPP

Orangenschalen brauchen lange, bis sie im Kompost verrotten. Darum sind sie auch für die Wurmkiste (siehe Seite 76–79) nicht geeignet. Mit diesem Orangenreiniger kannst du sie trotzdem vor dem Müll retten und sinnvoll verwenden.

Orangenreiniger beseitigt Fett und hartnäckige Verschmutzungen. Du kannst ihn zum Putzen glatter Flächen und zur Fleckentfernung verwenden. Nur bei Kalkstein und Fliesenfugen solltest du ihn nicht benutzen. Seine Säure greift den Kalk an.

PLASTIKFREIE MÜLLTÜTE

IDEAL FÜR DEN BIOMÜLL

DU BRAUCHST

- 4 Bogen Zeitungspapier

TIPPS FÜR KLIMARETTER

- Die Druckerfarbe der Zeitung ist weder für die Kompostwürmer noch für dich gefährlich. Die Zeitung darf darum gerne in den Biomüll oder mit auf den Komposthaufen oder in die Wurmkiste.

- Biomülltüten aus Bioplastik sind nicht sehr umweltfreundlich. Sie bestehen hauptsächlich aus Maisstärke. Für ihre Herstellung werden viele Ressourcen verbraucht. Außerdem verrotten sie zu langsam und müssen in den Kompostierwerken darum aussortiert werden.

CHALLENGE 11
Faltkönig*in

Ran an das Zeitungspapier! Wer schafft es am schnellsten, eine Mülltüte zu falten? Auf die Plätze, fertig, los!

1 Lege drei Bogen Zeitungspapier übereinander. Falte die linke Kante auf die rechte und streiche den Falz glatt.

2 Die Zeitung um 90 Grad drehen, sodass die offene lange Kante zu dir zeigt.

3 Die oberen drei Papierlagen an der linken unteren Ecke nach rechts auf die untere Ecke falten. Das Papier flachdrücken, sodass ein Dreieck entsteht.

4 Die Ecke wieder zurück nach links falten. Das Dreieck dabei nicht wieder öffnen.

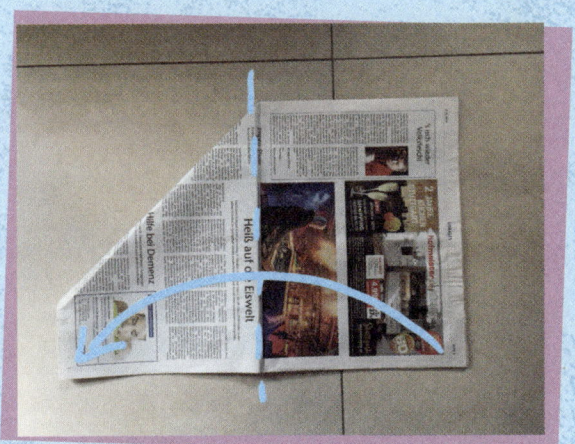

Weiter geht's auf Seite 92 →

5 Die Faltung (Schritt 3 und Schritt 4) spiegelverkehrt auf der rechten Seite wiederholen.

6 Die oberen Lagen an der rechten Kante etwa ein Drittel weit nach links falten.

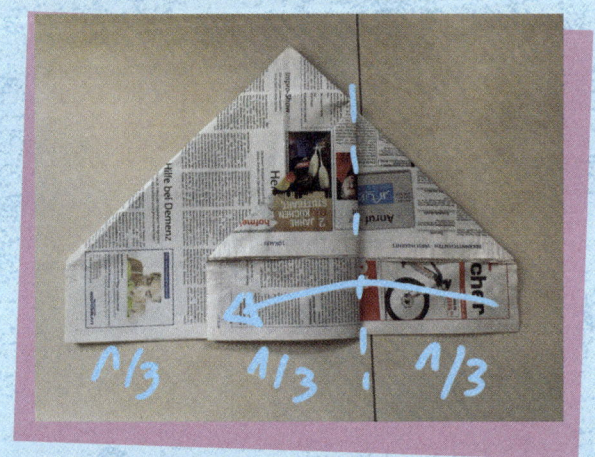

7 Die oberen Lagen an der linken Kante ebenso nach rechts falten.

8 Das gerade Teil von unten nach oben falten ...

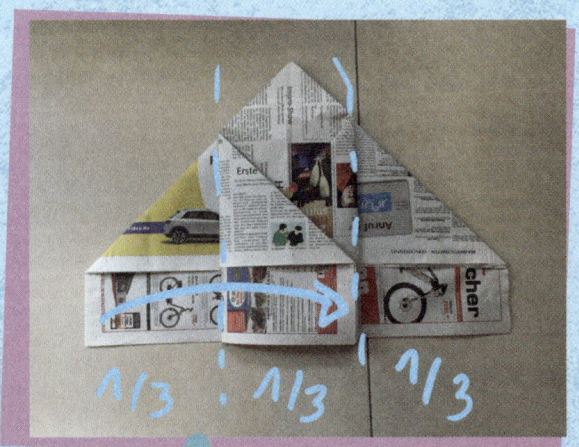

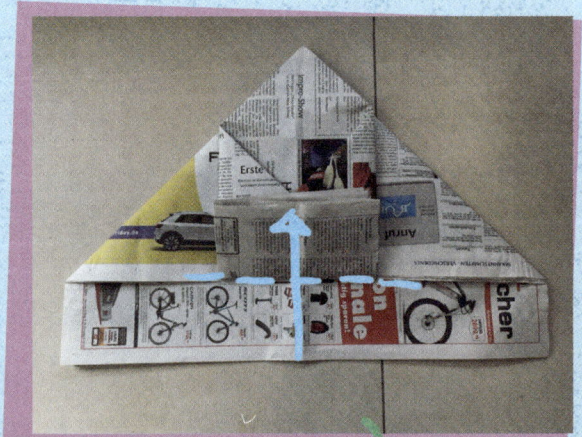

9 ... und die rechte Ecke nach unten einstecken.

10 Das gesamte Papier wenden und die Schritte 6 bis 9 wiederholen.

11 Greife in die Öffnung, falte die Mülltüte auf und forme den Boden flach aus.

12 Falte jetzt den vierten Bogen Zeitungspapier zu einem Quadrat und leg ihn zur Verstärkung des Bodens in die Biomülltüte.

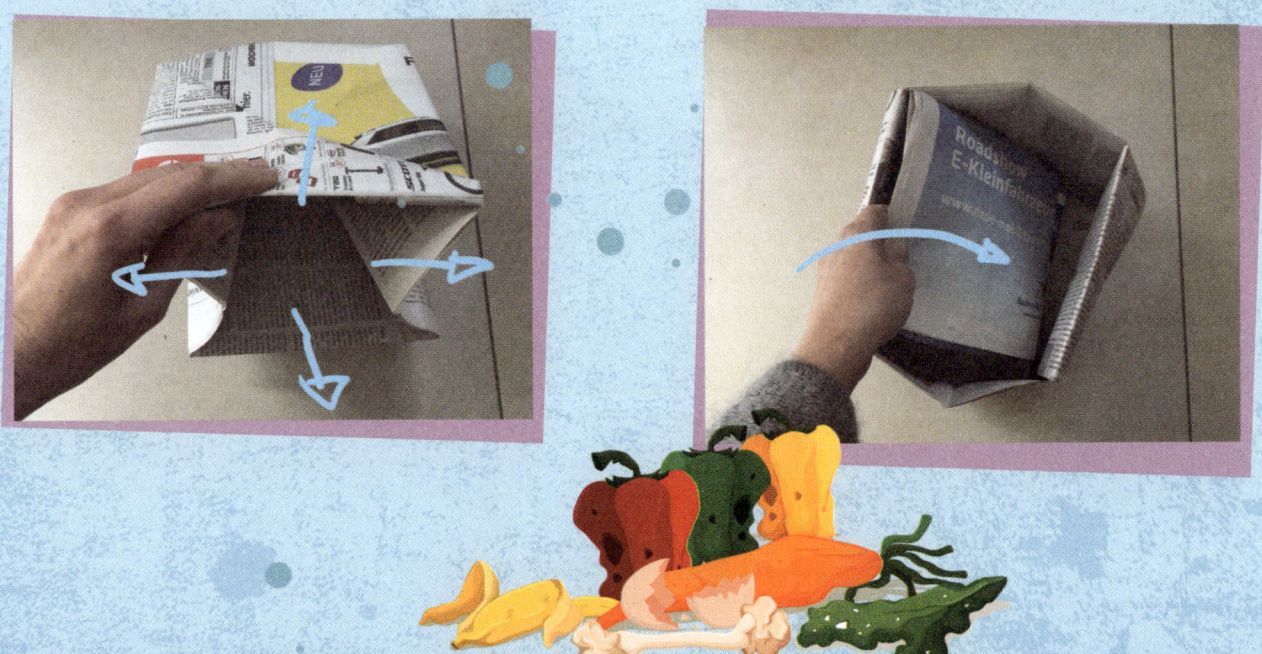

VERPACKUNGSMÜLL? NEIN, DANKE!

Mit jedem Einkauf bringen wir nicht nur schöne neue Dinge nach Hause, sondern auch eine Menge Müll. Vor allem im Supermarkt oder im Kaufhaus sind viele Waren eingeschweißt, in Papier eingeschlagen oder in Schachteln und Tüten verpackt. Dabei könnte man auf viele Verpackungen gut verzichten.

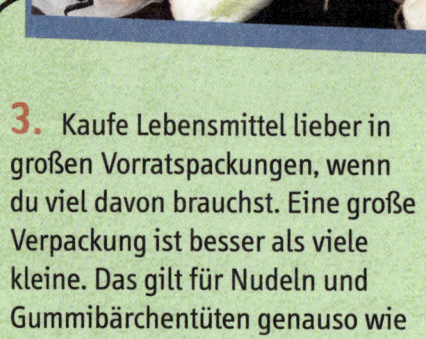

1. Pack eine Einkaufstasche in deinen Rucksack oder in deine Jackentasche. Damit kannst du in Zukunft immer auf eine Plastiktüte an der Kasse verzichten. Auf Seite 24 erfährst du, wie du ganz einfach eine Einkaufstasche selber machen kannst.

2. Verzichte bei Obst und Gemüse auf Plastik- oder Papiertüten. Bring stattdessen deine eigenen Beutel mit. Eine Anleitung zum Selbermachen findest du auf Seite 26. Kaufe außerdem lieber lose Ware, die nicht eingeschweißt oder abgepackt ist.

3. Kaufe Lebensmittel lieber in großen Vorratspackungen, wenn du viel davon brauchst. Eine große Verpackung ist besser als viele kleine. Das gilt für Nudeln und Gummibärchentüten genauso wie für Wasserflaschen.

4. In Schütt- oder Unverpacktläden kannst du alles in eigene Behälter abfüllen und sparst damit den Verpackungsmüll. Auch in vielen Bioläden gibt es immer mehr Waren, die in selbst mitgebrachte Behälter abgefüllt werden können.

5. Kaufe keinen abgepackten Käse oder eingeschweißte Wurst. Geh lieber an die Frischetheke. Frag den Verkäufer, ob er deine Einkäufe in selbst mitgebrachte Boxen packen kann. Das ist erlaubt, wenn man bestimmte Hygienevorschriften einhält.

6. Bring einen Brotbeutel zum Bäcker mit und spar dir die Papiertüte, um Brot und Brötchen nach Hause zu tragen.

7. Verzichte auf Produkte, die doppelt und dreifach verpackt sind.

8. Kaufe Joghurt, Milch und Getränke im Pfandglas. Das spart eine Menge Plastikbecher und Einwegbehälter.

9. Kocht mit frischen Zutaten und verzichtet auf Fertigprodukte, die aufwendig verpackt und eingeschweißt sind.

10. Verzichte auf Quetschies und iss stattdessen frisches Obst.

SCHOKOCREME
GARANTIERT OHNE PALMÖL

- 100 g Nougatschokolade
- 100 ml gezuckerte Kondensmilch
- 50 g Pflanzenfett
- 2 gehäufte EL Kakaopulver
- 2 EL Haselnussmus
- Glas- oder Metallschüssel
- Topf mit Wasser
- Löffel
- Glas mit Schraubverschluss

1 Erhitze das Wasser im Topf, sodass es warm ist, aber nicht kocht. Lass dir dabei von einem Erwachsenen helfen.

2 Brich die Schokolade in Stücke und gib sie in die Schüssel. Das Pflanzenfett und die gezuckerte Kondensmilch dazugeben. Hänge die Schüssel in das warme Wasser und lass die Schokolade und das Pflanzenfett unter Rühren langsam im Wasserbad schmelzen. Achte darauf, dass kein Wasser in die Schokomasse spritzt und dass die Schokocreme nicht heiß wird.

3 Den Kakao unter Rühren zugeben und alles gut miteinander vermischen, bis die Masse glatt ist.

4 Gib das Haselnussmus zu und rühre es ebenfalls gut unter.

5 Fülle die Schokocreme in das Glas und lass sie abkühlen. Verschließe das Glas mit dem Deckel. Im Kühlschrank hält sich die Creme 2–3 Wochen.

TIPPS FÜR KLIMARETTER

- Achte darauf, dass die Zutaten aus Bio-Anbau stammen und kein Palmöl enthalten. Wenn du noch mehr Gutes tun willst, kannst du außerdem bei Schokolade und Kakao auf das Fairtrade-Zeichen achten.

- Mit mehr oder weniger Kakao und Haselnussmus kannst du den Geschmack an deine Vorlieben anpassen. Versuch das Rezept doch auch mal mit Vollmilchschokolade oder mit Mandelmus!

BIENENWACHS-TUCH

ERSETZT FRISCHHALTEFOLIE & CO.

1 Schneide ein mindestens 25 cm x 25 cm großes Stück Stoff zu. Das reicht z. B. für ein Pausenbrot.

2 Gestalte dein Tuch, wie es dir gefällt, z. B. mit natürlichen Farben. Dazu kannst du 1 EL Kurkumapulver in 500 ml kochendes Wasser einrühren und das Tuch etwa 2 Stunden in dem Farbbad einweichen lassen. Wenn du es davor knüllst und abbindest, bekommt es einen tollen Batikeffekt.

3 Oder du schneidest eine Kartoffel in zwei Hälften und schnitzt ein Motiv aus der Schnittfläche, sodass du einen Stempel bekommst. Die Vorlage für den Wal auf dem Foto findest du auf Seite 123. Streiche eine Handvoll Brombeeren durch ein feines Sieb und fang den Saft auf. Erhitze den Saft in einem kleinen Topf, bis er eindickt. Den eingedickten Saft kannst du als Stempelfarbe benutzen.

4 Das gestaltete Tuch mit klarem Wasser auswaschen und trocknen lassen. Lege das Tuch auf das Backpapier. Reibe mit der Küchenreibe etwas Bienenwachs darüber und gib ein paar Tropfen Öl darauf. Decke das Tuch mit einer weiteren Lage Backpapier ab und bügle dann darüber, sodass das Wachs schmilzt und sich gleichmäßig im Stoff verteilt.

5 Prüfe, ob sich der Stoff überall mit Wachs vollgesaugt hat. Wenn nicht, bügelst du noch einmal darüber oder gibst noch etwas Wachs auf das Tuch. Lass das Tuch abkühlen und entferne zum Schluss das Backpapier.

PFLEGENDER LIPPENBALSAM

MIT HONIG UND BIENENWACHS

DU BRAUCHST

- 10 g Bienenwachs
- 15 g Öl, z. B. Olivenöl oder Jojobaöl
- 1 TL Honig
- Küchenreibe
- leeres Marmeladenglas
- Topf mit heißem Wasser
- Löffel zum Rühren
- kleiner Teller
- Zahnstocher
- kleines Döschen zur Aufbewahrung

1 Das Bienenwachs mit der Küchenreibe klein raspeln und mit dem Öl in das Marmeladenglas geben.

2 Stelle das Marmeladeglas in das heiße Wasser und lass das Wachs unter Rühren schmelzen. Achte darauf, dass kein Wasser in das Glas gelangt.

3 Teste, ob deine Lippenpflege die richtige Konsistenz hat. Gib ein paar Tropfen auf einen Teller, den du davor ein paar Minuten in den Kühlschrank gestellt hast. Ist die Lippenpflege zu weich, gibst du noch etwas Bienenwachs zu. Ist die Lippenpflege zu hart, gibst du noch etwas Öl zu.

4 Nimm das Glas aus dem Wasserbad und gib den Honig hinein. Gut umrühren, damit er sich im Öl-Wachs-Gemisch verteilt.

5 Fülle die Mischung vorsichtig in das Döschen und lass es abkühlen. Dabei immer wieder mit dem Zahnstocher umrühren, damit sich der Honig nicht am Boden absetzt.

TIPPS

- Wirf leere Lippenstifthülsen oder -döschen nicht weg. Manche lassen sich prima wieder befüllen und damit mehrmals verwenden. Das spart eine Menge Plastikmüll.

- Honig kann spröde Lippen wunderbar pflegen, weil er hilft, kleine Risse schneller zu heilen. Du kannst den Honig aber auch weglassen.

SAUBERE FLÜSSIGSEIFE

AUS SEIFENRESTEN SELBST GEMACHT

- 35 g Seifenreste
- 500 ml Wasser
- Küchenreibe
- Schüssel
- Topf
- Schneebesen
- leerer Flüssigseifenspender

1 Die Seife mit der Küchenreibe fein hobeln und dann zusammen mit dem Wasser in den Topf geben.

2 Das Wasser langsam aufkochen und so lange mit dem Schneebesen rühren, bis sich die Seife vollständig aufgelöst hat.

3 Lass die Flüssigseife abkühlen und rühre dabei gelegentlich um. Wenn die Flüssigseife kalt ist (am nächsten Tag), prüfst du, ob sie die richtige Konsistenz hat. Ist sie zu flüssig, kochst du sie noch einmal auf und gibst noch etwas Seifenhobel hinein. Ist sie zu zäh, kannst du sie mit heißem Wasser verdünnen.

4 Die fertige Flüssigseife in den Seifenspender füllen. Übrige Seife kannst du in einem Schraubglas einige Monate aufbewahren.

TIPPS

- Du kannst deine selbst gemachte Flüssigseife mit Lebensmittelfarbe einfärben. Besonders wenn du die Seife verschenken willst, kannst du ihr damit eine persönliche Note geben.

- Wenn du einen Seifenschaumspender verwendest, verdünnst du die Flüssigseife im Verhältnis 1:3 mit abgekochtem Wasser, auf einen Teil Flüssigseife gibst du also drei Teile Wasser.

- Verwende statt Wasser Kamillentee. Dann wird deine Seife noch pflegender. Mit Kaffee wird daraus eine Seife, die gut gegen Gerüche wirkt.

ALLE JAHRE WIEDER ...

... stapeln sich die Geschenke unter dem Weihnachtsbaum und wir begrüßen das neue Jahr mit einem krachenden Feuerwerk. Jedes Jahr werden an Silvester in Deutschland für 137 Millionen Euro Böller in die Luft geschossen. Das ist sehr viel Geld – mit dem man auch sehr viel Gutes machen könnte, wenn man diese Summe zum Beispiel für einen guten Zweck spenden würde. Doch nicht nur darum steht der Brauch in der Kritik.

Umweltschützer mahnen, dass die Tiere unter dem lauten Geknalle leiden und zum Teil aus Angst fluchtartig ihr sicheres Winterquartier verlassen. Außerdem bestehe die Gefahr, dass Tiere die Überreste der Feuerwerkskörper fressen und davon krank werden.

Auch die Klimaschützer sind gegen das Feuerwerk zum Jahreswechsel. Tatsächlich verschmutzen die bunten Raketen die Luft mit Feinstaub und setzen CO_2 frei. Allerdings nur für einen Tag. Einen messbaren Effekt auf das Klima hat das nicht.

Aber da sind ja noch die langen Transportwege, die die Feuerwerkskörper von China bis zu uns zurücklegen müssen. Es ist also durchaus sinnvoll, darüber nachzudenken, wie viele Böller und Raketen wir an Silvester in den Himmel schießen müssen.

Und der Weihnachtsbaum? Jedes Jahr werden in Deutschland fast 30 Millionen Tannenbäume verkauft, fein herausgeputzt und in den Häusern aufgestellt. Im Januar landen die Bäume dann auf der Straße: Endstation Kompostieranlage.

Zehn Jahre muss so ein Baum im Durchschnitt wachsen, bis er groß genug ist, um als Weihnachtsbaum verkauft zu werden. Und dann wird er nach gerade mal zwei oder drei Wochen schon wieder ausrangiert.

Dabei ist er eigentlich viel zu schade für den Müll. Mit ein paar Handgriffen verwandelt er sich in einen nützlichen Kleiderständer, aus dem Stamm kann man Rankhilfen fürs Gemüsebeet bauen, mit dem Reisig kann man Beete oder Blumenkästen vor Frost schützen und aus den Nadeln kann man einen schmerzlindernden Badezusatz oder einen Erkältungstee zubereiten – vorausgesetzt, es ist ein Bio-Tannenbaum. Das aber ist meist das Problem. Die Weihnachtsbäume werden in der Regel in großen Plantagen in Skandinavien, Osteuropa und Irland angebaut. Bei ihrer Aufzucht werden Gifte und Dünger eingesetzt, die umweltschädlich sind. Dazu kommen lange Transportwege.

Eine klimafreundliche Alternative wäre ein Gabenbaum aus heimischem Grünschnitt, der zum Beispiel im Herbst im Garten oder in öffentlichen Anlagen anfällt. Immergrüne Zweige und schöne Laubbaumäste können zu einem kleinen Baum gebunden werden. Und wer nicht auf einen echten Weihnachtsbaum verzichten möchte, der kauft am besten eine Tanne aus einer anerkannten ökologischen Weihnachtsbaumkultur. Eine Übersicht, wo du einen solchen Baum kaufen kannst, bietet der Verein Robin Wood (siehe Seite 119).

Und unterm Weihnachtsbaum?
Da stapelt sich nach dem Fest das bunt bedruckte Geschenkpapier. Häufig ist es nicht recycelbar, weil es mit Folie beschichtet wurde. Wenn du beim Auspacken vorsichtig bist, kann das Papier aber noch einmal wiederverwendet werden. Oder du verpackst die Geschenke gleich in nachhaltige Materialien wie Zeitungspapier, Geschenktüten, hübsch beklebte Schachteln, wiederverwendbare Tücher oder Stoffbeutel. Und statt Geschenkband aus Plastik verwendest du besser dekoratives Papierklebeband, Schnur aus Naturfaser und Jerseygarn, das du aus einem alten T-Shirt zuschneiden kannst.

TIPP

Auf den nachfolgenden Seiten findest du klimafreundliche Alternativen für die Festtage, die du ganz einfach selber machen kannst.

GESCHENKBAND

UMWELTFREUNDLICH AUS PAPIER

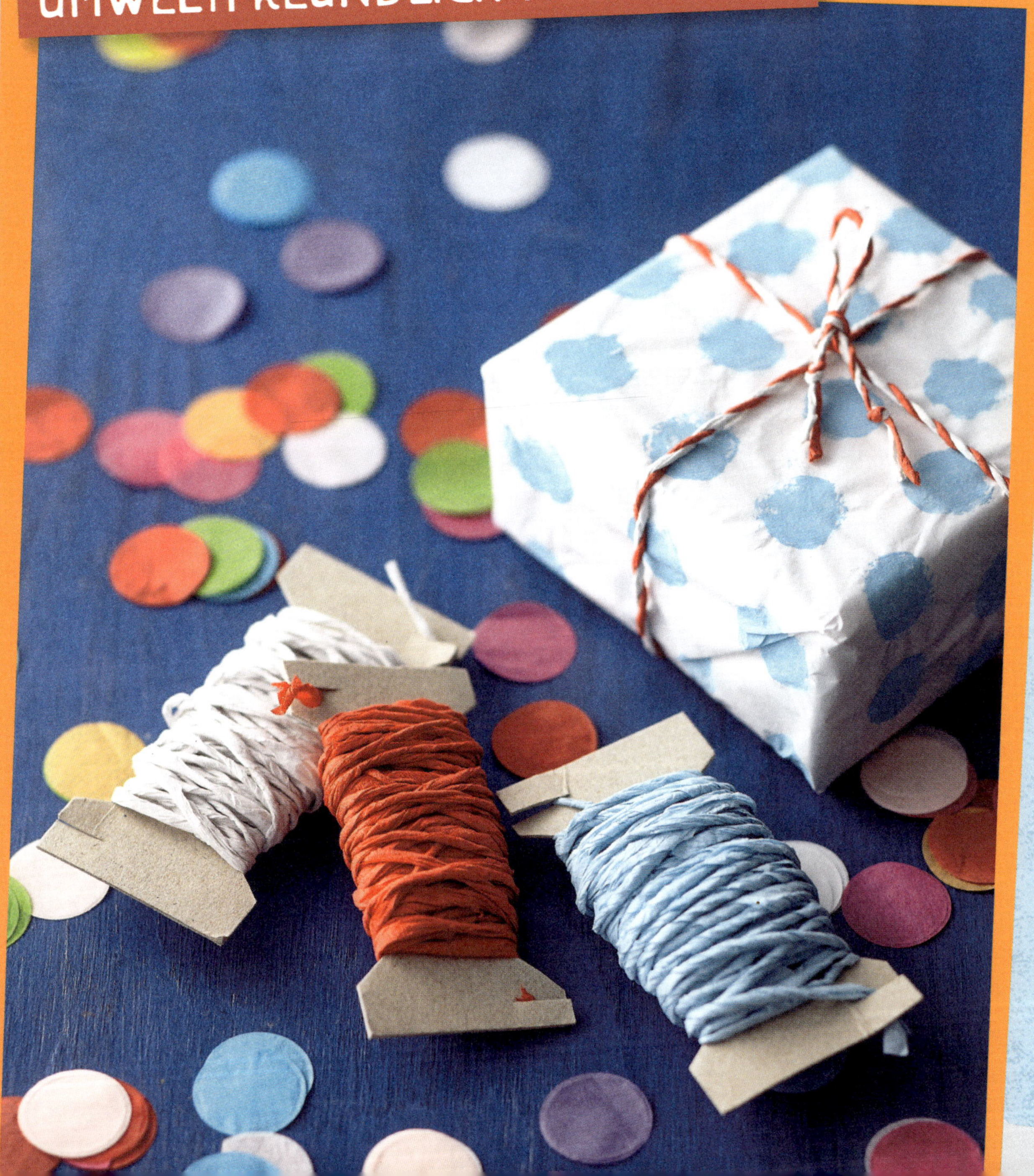

TIPPS

- Du kannst das Papiergarn auch zum Stricken, Häkeln oder Weben benutzen und dekorative Schalen, Körbe oder Untersetzer daraus machen.

- Mach zwei gleich lange Schnüre in zwei passenden Farben. Knote sie aneinander und verdrehe sie dann zu einer Kordel. Schon hast du ein tolles zweifarbiges Garn.

1 Schneide mit Hilfe der Vorlage die Spindel aus dem Kartonrest zu, damit du das Papiergarn aufwickeln kannst. Schneide auch die Schlitze an den Enden mit der Schere ein (siehe Foto). Dort kannst du das Papiergarn einklemmen, damit es sich nicht abwickelt.

2 Schneide vom Papier 1,5 cm breite Streifen. Dabei ist wichtig, dass die Papierfasern in die richtige Richtung zeigen, sonst reißt das Papierband später. Mach dazu einen Reißtest: In welche Richtung kannst du das Papier so reißen, sodass gerade Streifen entstehen? In genau dieser Richtung schneidest du die Streifen zu.

3 Verdrehe nun den ersten Papierstreifen zwischen Daumen und Zeigefinger zu einer dünnen Schnur. Den Anfang des Streifens klemmst du in einen Schlitz der Spindel und wickelst die Schnur nach und nach auf. Das Ende des Streifens sicherst du ebenfalls in einem Schlitz, damit sich die Schnur nicht abrollt, während du weiterarbeitest.

4 Kurz vor dem Ende des ersten Streifens setzt du den nächsten Streifen an. Lege dazu die beiden Streifen einige Zentimeter weit übereinander und verdrehe sie dann miteinander, sodass sie fest zusammenhalten. Dann geht es wie in Schritt 3 beschrieben weiter, bis die Schnur die gewünschte Länge hat. Dann kannst du deine Geschenke damit umwickeln.

BUNTES GESCHENKPAPIER

UPCYCLING FÜR ALTE ZEITUNGEN

Alles Liebe!

108

- alte Zeitung oder Verpackungspapier
- Farbe, z. B. Wasserfarben, Plakafarbe, Abtönfarbe oder selbstgemachte Farbe (siehe Seite 14)
- Kleister (siehe Seite 12)
- breite Pinsel
- Wattestäbchen
- alter Kamm
- großes Malbrett oder wasserfeste Unterlage
- Wäscheständer
- Bügeleisen

Vorlage Seite 121

1 Leg das Papier auf das Malbrett oder auf die wasserfeste Unterlage und trage mit dem Pinsel eine Schicht Kleister auf. Das Papier soll sich gut vollsaugen. Dabei dehnt es sich etwas aus. Hebe das Papier bei Bedarf leicht an und streiche die Wellen mit dem Pinsel etwas glatt.

2 Nimm nun die gewünschte Farbe und bemale das Papier großflächig, sodass es überall von Farbe bedeckt ist.

3 Jetzt ist deine Fantasie gefragt: Ziehe mit einem Kamm ein Wellen- oder Zickzackmuster über das Papier, male mit dem Wattestäbchen Blumen, Luftballons oder Wale und Wellen auf oder verschönere das Papier mit einem Schriftzug.

4 Das Papier auf dem Malbrett trocknen lassen oder vorsichtig von der Unterlage lösen und zum Trocknen auf den Wäscheständer legen.

5 Wenn das Papier ganz getrocknet ist, kannst du es mit dem Bügeleisen glätten. Lass dir dabei von einem Erwachsenen helfen.

TIPPS

- Einen Kamm, mit dem du schöne Muster ziehen kannst, kannst du auch ganz einfach aus einem Kartonrest zuschneiden. Einfach an einer geraden Kante kleine Zacken in den Karton schneiden.
- Aus selbstgemachtem Papier kannst du passende Geschenkanhänger basteln. Eine Vorlage dafür findest du auf Seite 121.

SILVESTERKNALLER

LASST ES KLIMAFREUNDLICH KRACHEN!

KRAWUMM!

BUMM!
2021

PE
NG

- 3 Papiertüten, z. B. Butterbrottüten oder saubere Bäckertüten
- Papiertrinkhalm
- Packpapier und Papierreste
- Filzstift in Schwarz
- Klebestift
- Schere
- Lineal
- Bürolocher oder Motivstanzer

1 Schneide den Rand der Papiertüten oben gerade ab, sodass Vorder- und Rückseite gleich hoch sind.

2 Schneide den Trinkhalm in drei gleich lange Stücke.

3 Stanze aus den Papierresten buntes Konfetti aus und fülle es in die Tüten.

4 Streiche den Rand der Tüten innen mit dem Klebestift ein. Lege jeweils mittig ein Trinkhalmstück auf und klebe dann den Rand zusammen. Achte darauf, dass der Trinkhalm dabei ganz von Papier umschlossen wird und die Tüte dicht ist.

5 Schneide aus dem Packpapier ein Rechteck zu, das zur Größe der Tüten passt. Male mit dem Filzstift einen Rahmen auf und beschrifte das Schild anschließend.

6 Zuletzt klebst du das Schild auf die Knalltüte und dekorierst es mit ein paar Konfetti. Fertig!

TIPP

So funktioniert's

Jeder Gast der Silvesterparty bekommt eine Knalltüte. Einfach den Wunsch um Mitternacht hineinflüstern, die Tüte aufblasen und mit einem lauten Knall platzen lassen.

KLIMARETTER-KALENDER

- **Begrüße die Hummeln und Wildbienen mit einem reich gedeckten Blütentisch.** Ab Ende Februar sind die ersten Pollen- und Nektarsucher wieder unterwegs. Die Anleitung für klimafreundliche Anzuchtgefäße, Blumentöpfe oder ein Mini-Hochbeet findest du ab Seite 72.

- **Nutze die Fastenzeit für eine CO_2-Diät** und achte von Fasching bis Ostern besonders darauf, dass du dich klimafreundlich verhältst (siehe Seite 7).

- **Tag des Artenschutzes:** Am 3. März 1973 wurde das Washingtoner Artenschutzabkommen geschlossen. Darum wird jedes Jahr am 3. März mit verschiedenen Veranstaltungen auf die Bedrohung der wildlebenden Tiere und Pflanzen hingewiesen. Durch das Abkommen sollen die Tiere und Pflanzen geschützt werden.

- **Bastle Wildblumen-Konfetti** (siehe Seite 68) und verschenke es. Jetzt ist die beste Zeit für die Aussaat.

- **Tag des Waldes:** Am 21. März wird daran erinnert, wie wichtig der Wald für das Klima, aber auch als Ressource für uns alle ist.

- **Häng das Bienenhotel auf** oder überprüfe, ob es noch intakt ist. Du hast noch keines? Dann ist es jetzt höchste Zeit, schnell noch eins zu bauen (siehe Seite 54).

- **Earth Hour:** Am 30. März schalten Millionen Menschen rund um die Welt zwischen 20.30 und 21.30 Uhr das Licht aus. Die Aktion soll ein Zeichen gegen den Klimawandel und für den bewussteren Umgang mit unseren Ressourcen setzen.

- **Tag der Erde:** Am 22. April wird mit zahlreichen Aktionen auf der ganzen Welt für einen umweltfreundlichen und nachhaltigen Lebensstil geworben.

- **Internationaler Tag des Baumes:** Am 25. April finden weltweit Aktionen zum Schutz der Bäume und zur Wiederaufforstung statt. Jedes Jahr steht ein anderer Baum im Mittelpunkt der Aktionen.

- **Let's Clean Up Europe:** Unter dem Motto „Lasst uns Europa sauber machen" räumen tausende freiwillige Helfer an einem Aktionswochenende im Mai in der Natur auf (www.letscleanupeurope.de).

SOMMER

- **Das eine oder andere T-Shirt vom letzten Jahr gefällt dir nicht mehr?** Nicht wegwerfen! Mach lieber eine Einkaufstasche daraus (siehe Seite 24).

- **Sind schon viele Zimmer im Bienenhotel belegt?** Dann bau ein zweites und stell es in der Nähe auf. Wenn nicht, stell das Hotel an einem anderen Ort auf, um Gäste anzulocken.

- **Tag des Fahrrads:** Fahrradfahren ist gut fürs Klima. Darum sollen am 3. Juni zahlreiche Aktionen mehr Menschen dazu zu bewegen, öfter mit dem Fahrrad statt mit dem Auto zu fahren.

- **Beginne mit dem Sammeln von Blumensamen.** Du kannst sie im nächsten Jahr wieder aussäen oder Wildblumen-Konfetti daraus machen (siehe Seite 68).

- **Sonne macht durstig. Bastle dir eine Trinkflasche für unterwegs** (siehe Seite 32), damit du auf Getränke in Einwegverpackungen verzichten kannst.

- **Tag der Umwelt:** Am 5. Juni wird weltweit mit zahlreichen Aktionen auf das Thema Umweltschutz aufmerksam gemacht.

- **Umweltfreundlichen Wasserspaß** bringen selbst gemachte Dauerwasserbomben (siehe Seite 30).

- Wie wäre es, wenn ihr mal auf eine Fernreise in den Sommerferien verzichtet und stattdessen **Urlaub in der Heimat** macht? Das ist klimafreundlich – und kann auch ziemlich cool sein.

- **Tag des Meeres:** Am 8. Juni wird jedes Jahr darauf hingewiesen, wie wertvoll die Meere sind und dass sie unseren Schutz brauchen.

- **Heiße Temperaturen sind perfekt, um Papier selbst zu machen oder Geschenkpapier zu gestalten.** Jetzt trocknet das Papier am besten und du kannst schnell deine Ergebnisse bestaunen (siehe Seite 16 und 108).

HERBST

- **Blüht es noch auf eurem Balkon oder im Garten?** Achte darauf, dass auch im Herbst der Tisch für die Bienen und Schmetterlinge noch reichlich gedeckt ist. So kommen sie gut über den Winter.

- Im Sommer ist eine Menge Müll in der Natur liegen geblieben. **Jetzt ist ein guter Zeitpunkt für eine Müllsammelaktion** (siehe Seite 29).

- **Sammle weiterhin die Samen von Blumen und anderen Pflanzen**, damit du sie im nächsten Jahr wieder aussäen kannst.

- **Tag der Tropenwälder:** Die grüne Lunge der Erde, wie die Tropenwälder auch genannt werden, ist sehr wichtig für das Klima. Am Aktionstag am 14. September dreht sich alles um den Erhalt der Tropenwälder.

- **Schon Ideen für Weihnachten?** Du kannst langsam mit der Planung der Geschenke starten. Pinnwand, Flüssigseife, Dosenutensilo, Kerzenständer, Spül- oder Wachstücher sind tolle Geschenkideen, die du gut im Voraus basteln kannst.

WINTER

- **Ab November kannst du mit der Winterfütterung der Vögel beginnen** und eine Futterstelle aufhängen (siehe Seite 62). Füttere die Vögel regelmäßig bis Ende Februar. Danach finden sie wieder genügend Futter in der Natur.

- **Orangen haben im Winter Saison.** Wirf die Schalen nicht weg, sondern stelle daraus Orangenreiniger her (siehe Seite 88).

- **Weihnachten steht vor der Tür.** Bastle klimafreundliches Geschenkpapier (siehe Seite 108). Auch Geschenkband kannst du selber machen (siehe Seite 106).

- **Du brauchst noch ein Geschenk in letzter Minute?** Wie wäre es mit selbst gemachter Lippenpflege (siehe Seite 100) oder Schokocreme (siehe Seite 96)? Sie sind nicht so lange haltbar, darum solltest du sie erst kurz vor dem Fest zubereiten.

- **Weihnachtsbaum oder klimafreundliche Alternative?** Denkt gemeinsam darüber nach, ob es wirklich ein echter Tannenbaum sein muss.

- **Knalltüte statt Silvesterböller?** Die Anleitung für die klimafreundliche Alternative findest du auf Seite 110.

- **Tag des Eisbären:** Die Eisbären sind besonders vom Klimawandel betroffen. Um daran zu erinnern, wird jedes Jahr am 27. Februar der Welttag des Eisbären begangen.

WEITERFÜHRENDE LINKS

INFORMATIVE KINDER- UND JUGENDSEITEN RUND UM DEN NATUR- UND KLIMASCHUTZ

www.NAJUversum.de
Die Kinderseite der NAJU, Kinder- und
Jugendorganisation NABU

https://naturdetektive.bfn.de
Bundesamt für Naturschutz

www.bmu-kids.de
Bundesministerium für Umwelt, Naturschutz
und nukleare Sicherheit

www.oekoleo.de
Hessisches Ministerium für Umwelt, Klimaschutz,
Landwirtschaft und Verbraucherschutz

https://nabu.co2-rechner.de
Berechne deinen eigenen CO_2-Fußabdruck, Naturschutzbund NABU

**www.robinwood.de/schwerpunkte/
ökologische-weihnachtsbäume**
Verzeichnis von Verkaufsstellen ökologischer Weihnachtsbäume, Robin Wood e.V.

JUGENDUMWELTVERBÄNDE MIT KINDER- UND JUGENDGRUPPEN

DEUTSCHLAND

NAJU (Naturschutzjugend im NABU)
www.NAJU.de

**Jugend im Bund für Umwelt und Naturschutz
Deutschland (BUND)**
www.BUNDjugend.de

Naturfreundejugend Deutschlands
www.naturfreundejugend.de

ÖSTERREICH

Naturschutzbund Österreich
https://naturschutzjugend.at

Naturfreunde Österreich
http://www.naturfreundejugend.at

SCHWEIZ

Pro Natura
www.pronatura.ch/de/jugend

BirdLife Schweiz
www.birdlife.ch

VORLAGEN

Mini-Hochbeet
Seite 72

Lustiges Bienenhotel
Seite 54
Vorlage auf 150 % vergrößern

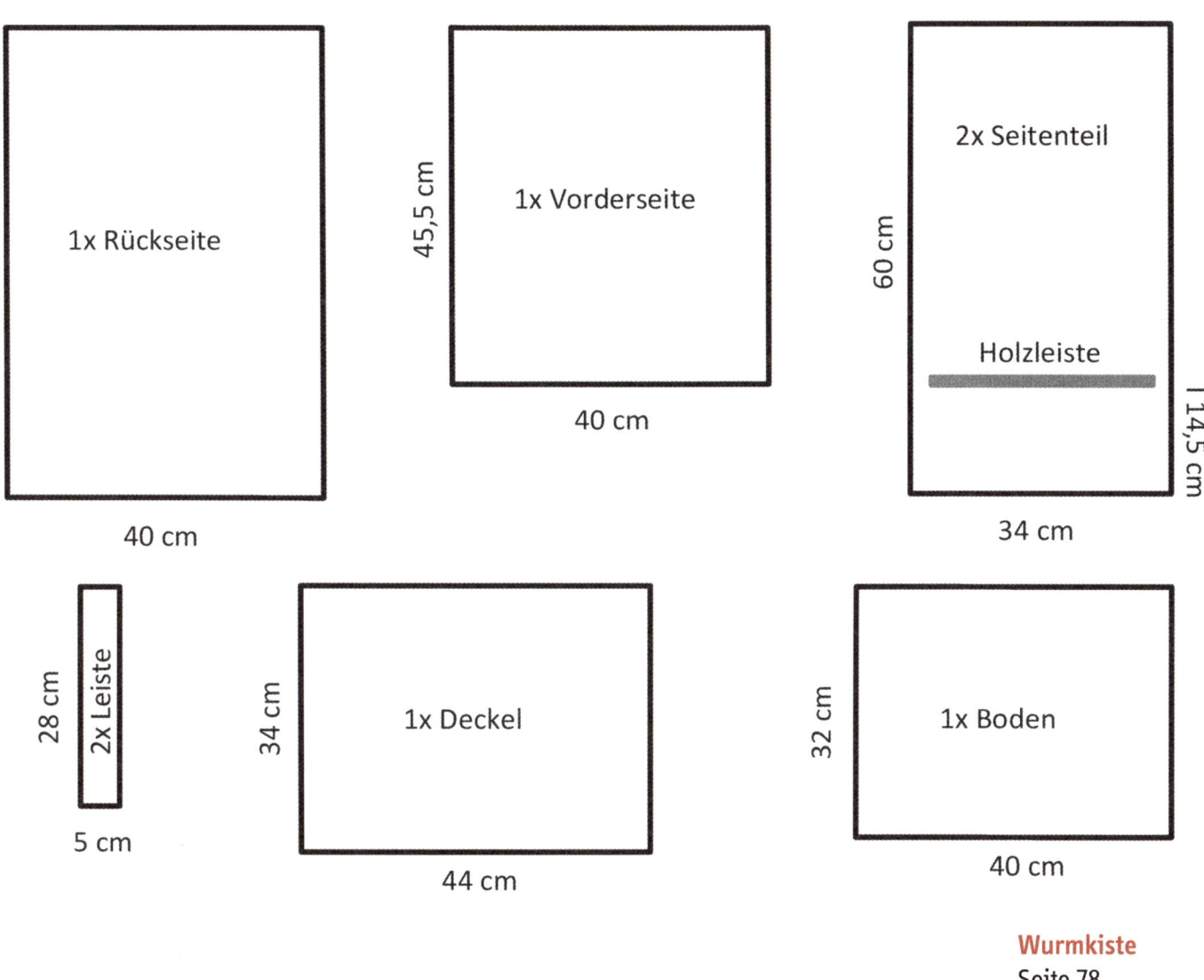

1x Rückseite

40 cm

1x Vorderseite

45,5 cm

40 cm

2x Seitenteil

60 cm

Holzleiste

14,5 cm

34 cm

2x Leiste

28 cm

5 cm

1x Deckel

34 cm

44 cm

1x Boden

32 cm

40 cm

Wurmkiste
Seite 78

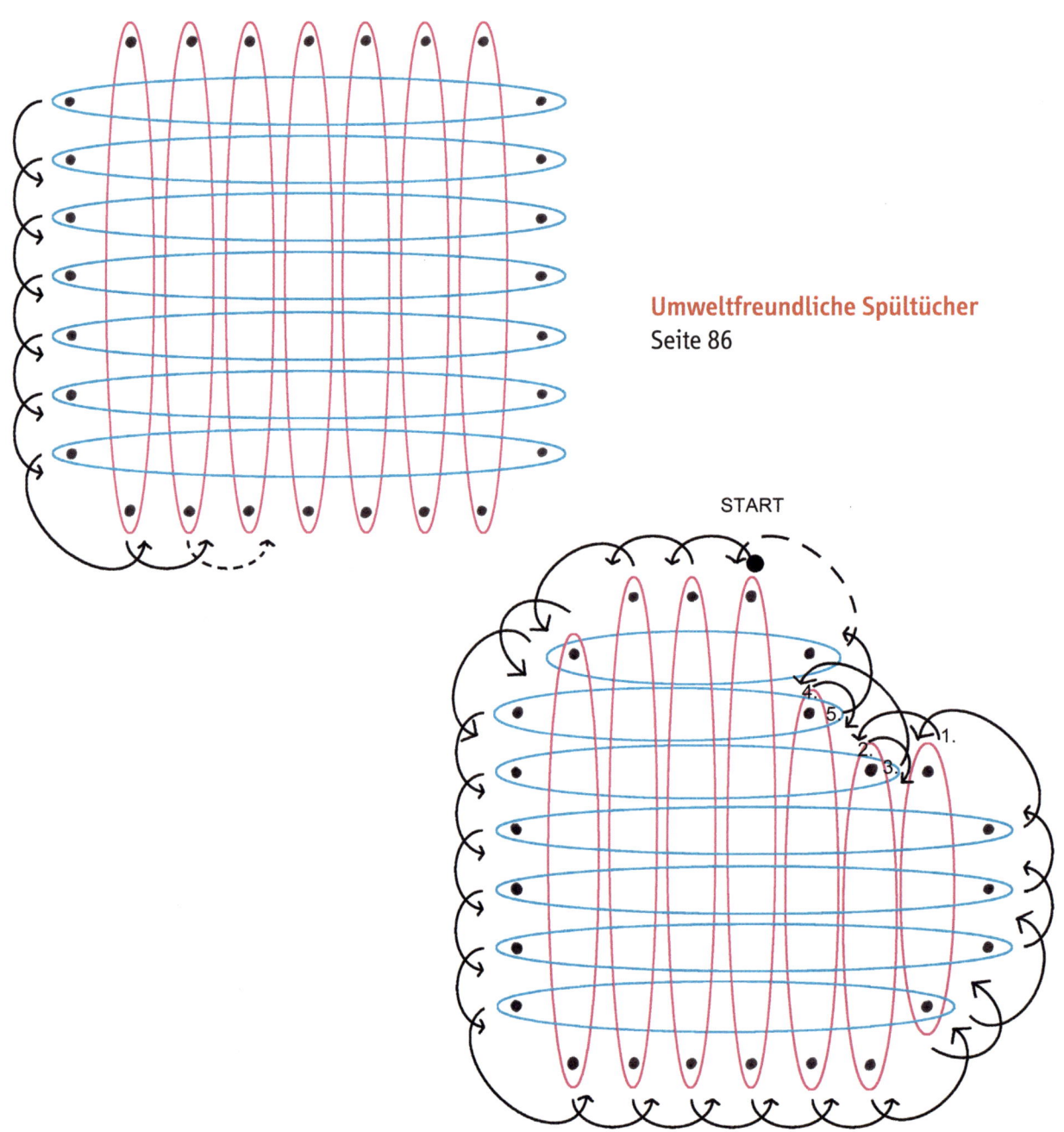

Umweltfreundliche Spültücher
Seite 86

START

Buntes Geschenkpapier
Seite 108

Bienenwachs-Tuch
Seite 98

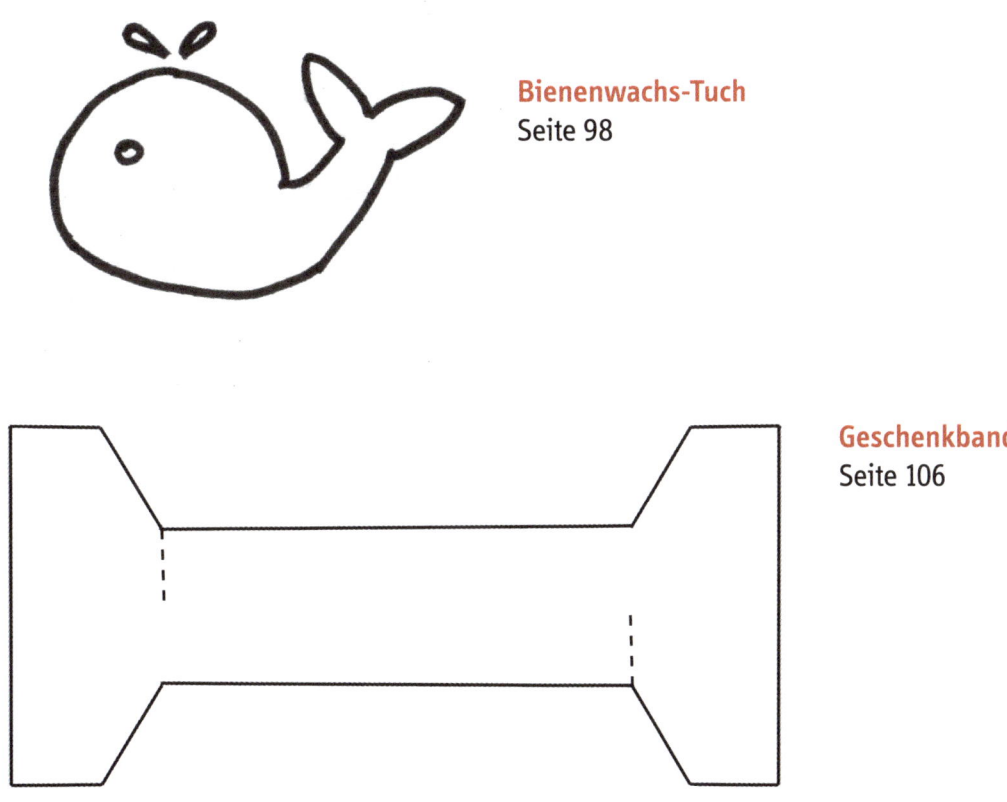

Geschenkband
Seite 106

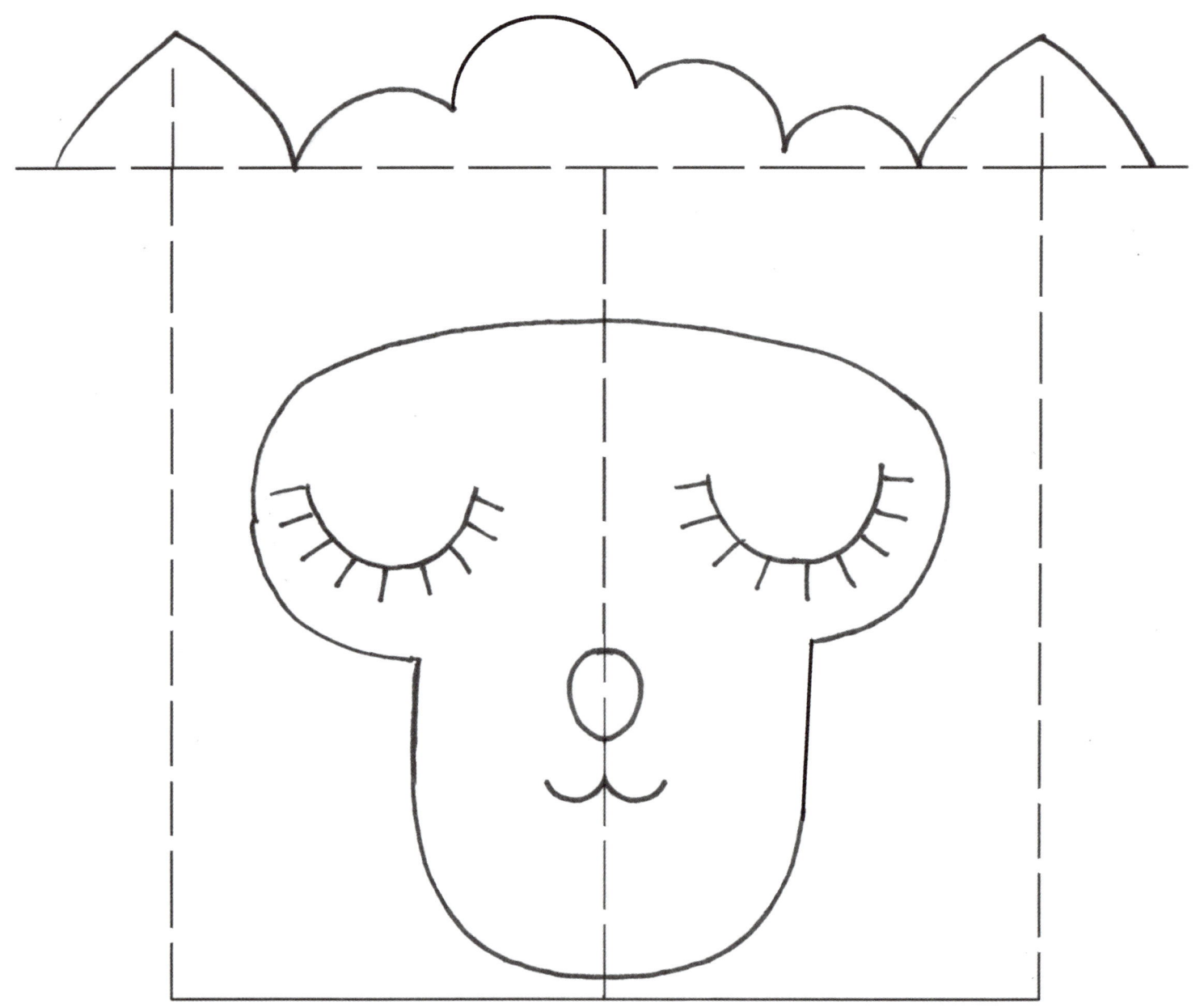

Tierisch gute Blumentöpfe
Seite 74

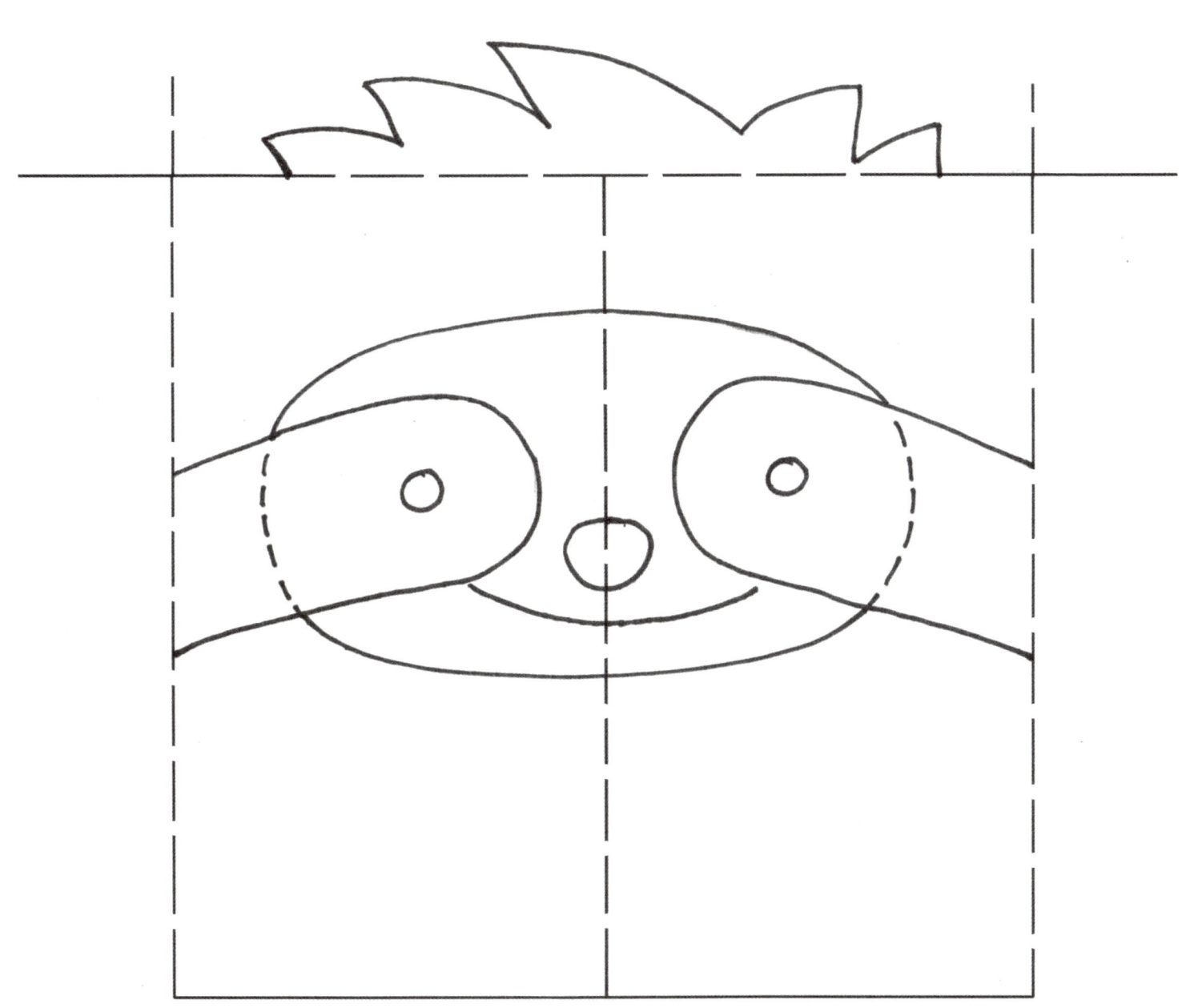

Tierisch gute Blumentöpfe
Seite 74

BUCHEMPFEHLUNGEN FÜR DICH

Noch mehr spannende Bücher zum gleichen Thema gesucht?

ISBN 978-3-7724-8423-0

ISBN 978-3-7724-8483-4

ISBN 978-3-7724-8468-1

ISBN 978-3-7724-8438-4

ISBN 978-3-7724-7954-0

ISBN 978-3-7724-8422-3

ISBN 978-3-7724-7653-2

ISBN 978-3-7724-7843-7

ISBN 978-3-7724-8443-8

Noch mehr Kreativ-Bücher findest Du auf www.TOPP-kreativ.de

Dürfen wir vorstellen? Wir sind TOPP!

Uns, unsere Autoren, Bücher, Sets und viele, viele Bastelideen gibt's nicht nur auf Events und in Buchhandlungen, sondern natürlich auch online:

 www.TOPP-KREATIV.de

 www.YouTube.com/Frechverlag

 www.TOPP-KREATIV.de/Newsletter

 www.Instagram.com/Frechverlag

 www.Facebook.com/Frechverlag

 www.Pinterest.com/Frechverlag

www.TOPP-kreativ.de/DigiBib

DIE NAJU

Wir sind viele! Genauer gesagt, über 90.000 Kinder und Jugendliche bis 27 Jahre sind Mitglied bei der NAJU. Wir sind die Kinder- und Jugendorganisation des NABU und deutschlandweit der größte Kinder- und Jugendverband im Natur- und Umweltschutz.

Die NAJU ist in ganz Deutschland aktiv, in über 1.000 Ortsgruppen. Hier können Kinder und Jugendliche die Natur vor ihrer Haustür kennenlernen, anpacken bei Naturschutzeinsätzen oder selbst organisierten Müllsammelaktionen oder im Sommer an den vielen Freizeiten und Jugendfestivals teilnehmen.

Du möchtest auch mitmachen? Dann schau doch mal auf www.NAJU.de vorbei oder wende dich an deinen NAJU-Landesverband. Hier erfährst du, wie du Mitglied werden kannst und wo du eine Ortsgruppe in deiner Nähe findest.

CHALLENGES

DIE AUTORIN

Susanne Pypke arbeitet als freie Lektorin und Kreativ-Autorin im Stuttgarter Westen. Ihre Leidenschaft für das Selbermachen hat sie schon früh entdeckt. Nichts war schöner, als an Regentagen zu basteln, in Mamas Nähkästchen zu kramen oder die Gerätschaften in Papas Werkstatt auszuprobieren. Ihr Können setzt sie bis heute in zahlreichen DIY-Projekten um.

Ein kleiner Ausschnitt davon ist auf ihrem Kreativblog **fraeuleinfloh.blogspot.de** zu sehen.

DANKE AN...

... alle kleinen Naturschützer und Klimaretter – allen voran an meinen Sohn Justus, der mich beim Entstehen dieses Buches kritisch begleitet hat. Deine Leidenschaft ist ansteckend und gibt mir immer wieder einen Anstoß, noch mehr für das Klima und den Umweltschutz zu tun. Hör nicht auf, Fragen zu stellen und Dinge ändern zu wollen. Jeder kann etwas tun, egal wie klein er ist.

... an Janina Dieckmann und Christine Schlitt. Eure Unterstützung und Leidenschaft war schon bei meinem Buch „Wir retten die Bienen, Igel und Käfer!" großartig und hat mich auch dieses Mal wieder angespornt, bis zuletzt mein Bestes zu geben.

KLIMASCHÜTZER–URKUNDE AUSDRUCKEN

Die Urkunde kannst du dir nach erfolgter Registrierung unter **www.topp-kreativ.de/digibib** downloaden und mit deinem Namen ausdrucken. Lass dir dabei von einem Erwachsenen helfen. Der Freischaltcode lautet: 18154

IMPRESSUM

MODELLE UND TEXTE: Susanne Pypke; Meike Lechler/NAJU (Texte Bee's Inn, Apollo 19) und Eva Mahnke/NAJU (Texte Trashbusters)
FOTOS: frechverlag GmbH, 70499 Stuttgart; lichtpunkt, Michael Ruder, Stuttgart (alle Modellfotos); istock: AugustineChang (S. 20 Schildkröte), Wlad74 (S. 21 Dinosaurierspuren), Nathan Baker (S. 21 Fuchsspur), ArchyEmily (S. 21 Kaninchenspuren), Eerik (S. 21 Affenspuren), Constantinis (S. 21 Flasche), yulkapopkova (S. 29 Kind); oxbeast1210 (S. 26 Würmer), YelenaYemchuk (S. 84 Butter), Clarbondioxide (S. 85 Stamm), SaskiaAcht (S. 85 Obst), iulianvalentin (S. 85 Kleidung), undefined (S. 85 Kartons), artursfoto (S. 94 Tüten), SDI Productions (S. 95 Mädchen), sergeyryzhov (S. 95 Familie), pxel66 (S. 104 Rakete), Iryna Dobytchina (S. 104 Tannen), stanfram (S. 105 Tanne im Müll); Shutterstock: sripfoto (S. 4/5 Weltall), Mr.anaked (S. 18/19), Mohamed Abdulraheem (S. 23 Müllberg), Pinkyone (S. 50/51), Tirachard Kumtanom (S. 82/83)
SCHRITTFOTOS: Susanne Pypke
ILLUSTRATIONEN: Julia Friese (alle Tiere); Sabrina Gröschke (Trashbusters-Logo); Shutterstock: mw_atp5 (S. 28 Apfel), Dzm1try (S. 28 Orangenschale), Ketmut (S. 28 Karton), VectorSun (S. 28 Dose), cash1994 (S. 28 Zeitung), alicedaniel (S. 28 Holz), Pack (S. 28 Joghurt); freepik (alle anderen)
KONZEPT UND PRODUKTMANAGEMENT: Janina Dieckmann
LEKTORAT: Christine Schlitt
COVERGESTALTUNG: Eva Grimme
LAYOUT UND SATZ: Heike Köhl, FSM Premedia, Münster
DRUCK UND BINDUNG: Livonia Print SIA, Lettland

3. Auflage 2020
© 2020 frechverlag GmbH, Turbinenstraße 7, 70499 Stuttgart
ISBN: 978-3-7724-8460-5   Best.-Nr. 8460

KREATIV-HOTLINE

Hilfestellung zu allen Fragen, die Materialien und Bücher zu kreativen Hobbys betreffen: **Frau Erika Noll** berät Sie. Rufen Sie an oder schreiben Sie eine E-Mail!
Telefon: 0 50 52 / 91 18 58*
*normale Telefongebühren

E-Mail: mail@kreativ-service.info